U0134923

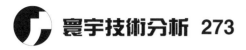
寰宇技術分析 273

費波納奇法則

Fibonacci Trading:
How to Master the Time and Price Advantage

CAROLYN BORODEN / 著

黃嘉斌 / 譯

寰宇出版股份有限公司

國家圖書館出版品預行編目資料

費波納奇法則／ Carolyn Boroden 著 ； 黃嘉斌 譯. -- 初版. -- 臺
　北市：麥格羅希爾，寰宇, 2009. 08
　　面； 公分. -- (寰宇技術分析；273)
　　譯自：Fibonacci Trading: how to master the time and price
advantage
　　ISBN 978-986-157-637-4 (平裝)

　1. 股票投資　2. 投資技術　3. 投資分析

563. 53　　　　　　　　　　　　　　　　　98013814

寰宇技術分析 273

費波納奇法則

作　　　者　Carolyn Boroden
譯　　　者　黃嘉斌
主　　　編　柴慧玲
美 術 設 計　黃雲華
發 行 人　江聰亮
合 作 出 版　美商麥格羅希爾國際股份有限公司台灣分公司
暨 發 行 所　台北市 10044 中正區博愛路 53 號 7 樓
　　　　　　TEL: (02) 2383-6000　　FAX: (02) 2388-8822

　　　　　　寰宇出版股份有限公司
　　　　　　台北市 106 大安區仁愛路四段 109 號 13 樓
　　　　　　TEL: (02) 2721-8138　　FAX: (02) 2711-3270
　　　　　　E-mail: service@ipci.com.tw
　　　　　　http://www.ipci.com.tw
總 代 理　寰宇出版股份有限公司
劃 撥 帳 號　1146743-9
出 版 日 期　西元 2009 年 8 月　初版一刷
　　　　　　西元 2016 年 7 月　初版五刷
印　　　刷　普賢王印刷有限公司
定　　　價　新台幣 400 元

ISBN： 978-986-157-637-4

目　錄
CONTENTS

前 言
FOREWORD

　　多數交易者都或多或少聽過所謂的費波納奇交易（Fibonacci trading），通常是指費波納奇折返（Fibonacci retracements）而言。長久以來，交易者利用這些折比率返，藉以辨識價格支撐與壓力區。可是，費波納奇折返只是這些重要比率的初步運用而已。究竟如何在各種不同情況下運用這些比率，是相當重要的交易課題。另外，本書還準備探討其他重要的幾何與調和比率。

　　多數交易者從來不知道如何運用費波納奇比率進行時間分析，藉以尋找價格支撐與壓力發生的可能時間。交易計畫同時結合費波納奇價格與時間分析，可以顯著提升交易勝算。我想，最有資格跟各位探討費波納奇時間與價格交易策略的人，莫過於「費波皇后」（FibQueen）本人（也就是本書作者卡洛琳‧波羅登，Carolyn Boroden）。

　　1989年，當《甘氏-艾略特雜誌》（Gann-Elliott Magazine，後來改名為《交易者世界》，Traders World）在芝加哥舉辦第一屆研討大會，我在會議中認識卡洛琳。她是最早研讀我的「甘氏

交易研究課程」的人，該套課程發表於這次討論大會。可是，卡洛琳當時並不是金融市場的新手。不同於多數業內人士，卡洛琳在成年之後，幾乎一直都待在金融市場內，她十幾歲就在交易所擔任跑單員，然後擔任投資顧問與短線交易指導員。除了長年從事市場分析之外，她本身的實際交易經驗也很豐富。

1989年之後，我們兩人雖然分居土桑與芝加哥，但經常透過傳真，溝通彼此的分析與交易策略。1993年，我終於成功說服她到土桑來跟我一起工作。可是，很快地，她又被另一家基金公司搶走了，因為對方支付的薪水遠超過我所能夠支付的水準，但我們仍然繼續保持聯絡。

卡洛琳研究我的「動態交易」方法幾乎有20年了，大概從我在1997年發表第一版的「動態交易」開始，她就一直使用這套軟體。我想，「青出於藍而更甚於藍」應該是我們兩個師生關係的最佳註腳。多年前，我擔任她的老師；可是這幾年來，我總是回過頭來向她學習，尤其是有關於本書探討的對稱佈局與交易策略。

我很驕傲過去曾經有幸擔任她的老師，也很高興能夠永遠是她的好朋友。我相信，各位目前手中拿著的這本書，將成為各位在交易領域內最棒的參考書。

羅伯‧閔納（Robert Miner）

動態交易者集團執行長

謝　詞
ACKNOWLEDGMENTS

　　我希望感謝長年以來教誨我的多位老師。首先是羅伯‧閔納（Robert Miner），我們是在1987年股市大崩盤之後不久認識於芝加哥密特朗飯店。其他曾經教導我的老師，包括羅伯‧可勞茲（Robert Krausz，他說服我參加在芝加哥舉辦的研討會，讓我有機會認識閔納）、拉利‧裴沙凡多（Larry Pesavento）、布萊斯‧季爾摩（Bryce Gilmore）、大衛‧派德森（David Patterson）、馬克‧道格拉斯（Mark Douglas）與 wwwdiescciclub.com的伍迪。

　　感謝我的事業新伙伴約翰‧卡特（John Carter）與修伯特‧森特（Hubert Senters），還有Tradethemarkets.com團隊的支持與協助。

　　我要感謝里查‧卡斯特（Richard Karst，也就是RMK），他在我主持的聊天室助我一臂之力，讓我勉強還能有自己的生活。感謝約翰‧黑多爾（John Haytol）提供的電腦顧問與聊天室的即時圖形。感謝陶‧菲利普（Todd Phillips）協助我處理電腦螢幕分享技術，使得我的聊天室踏上另一個層級。感謝丹尼斯‧鮑茲

（Dennis Bolze）與里查‧勞倫斯（Richard Lowrance）信賴我、支持我。感謝避險基金研究公司的喬‧尼古拉斯（Joe Nicholas），他相信我有點本事，因為他始終保留我的檔案。感謝威廉‧凱德（William M. Kidder，也就是比爾大叔，Uncle Bill）讓我有機會在18歲的時候在華爾街找到第一份工作。

　　我也希望藉此機會感謝我的朋友與客戶費勞茲‧阿密帕維茲博士（Dr. Firouz Amirparviz），他在2004年12月離開我們。感謝他與他的家庭接受我，讓我成為其中的成員。

　　最後，我要感謝整個金恩（King）家族的愛與支持，尤其是在撰寫本書的過程。皇后畢竟也要有國王的。有了這個家庭的支持，才能在我工作疲憊、幾近於崩潰的時候還能保持清醒。我愛你們每一個人。

「費波皇后」
卡洛琳‧波羅登

導　論
INTRODUCTION

　　本書的宗旨是要介紹交易者認識費波納奇的迷人世界。這是一套內容明確的交易方法，各位可以將其納入目前使用的策略之中。對於我來說。我自從1989年以來，就利用這套方法辨識主要的交易機會，而且從來沒有失望過。

　　第1章介紹費波納奇數列與黃金比率，也就是這套方法的根據所在。

　　第2章到第9章則逐步說明，如何運用費波納奇比率進行價格分析，包括如何辨識交易佈局。（這也是我每天在聊天室裡提供給客戶的交易佈局。）

　　第10章到第13章說明費波納奇比率的時間分析，將其結合到價格分析的交易佈局。

　　第14章到第16章解釋如何針對進場程序做微調，最後提供一個完整的例子說明進場步驟。

　　第17章則討論交易的心理層面、交易紀律、資金管理，以及書面計畫的重要性。（適當的心理建設，才能讓各位確實執行交

易計畫與資金管理技巧。）

　　讓我們在德州撲克賭局中擁有一手好牌，本書將教導各位如何累積交易勝算。

費波納奇數字與黃金比率

　　讀者如果知道費波納奇（Fibonacci），或許會注意到電影《達文西密碼》裡曾經提到這個字。當雅克・索尼埃（Jacques Saunière）在巴黎羅浮宮遭人謀殺，死者擺出的姿勢很像里奧納多・達文西（Leonardo da Vinci）的著名畫作《維特魯威人》（Vitruvian Man）。這幅畫很著名，因為該畫說明了費波納奇比率如何呈現在人體上。由於這部電影談到一些涉及費波納奇比率的密碼或線，所以勾起某些人對於這個比率的好奇心。我覺得蠻好笑的，心想：「這大概是認真思考費波納奇數據的時候了。」

　　費波納奇數列是由義大利數學家里奧納多・達比薩（Leonardo de Pisa）提出來的，具有相當特殊的性質。這個數列是由0與1開始，每個後續數都是先前兩個數的加總和，如此持續至無限：

　0, 1, 1, 2, 3, 5, 8, 13, 21, 34, 55, 89, 144, 233, 377, 610, 987,……

　　舉例來說，144＝55＋89，377＝144＋233。對於這個數列，如果考慮每個數除以其緊前方的數，這些商所構成的數列會收斂到1.618。（譬如說：55÷34＝1.6176，89÷55＝1.6182，144÷891＝1.61797…前述商愈來愈接近1.618，最後則收斂到1.618。）這個比率1.618稱為黃金比率、黃金平均值或黃金比例。請注

意，1.618的倒數為0.618。

　　網路上有某些網頁，專門探討這個數列與其性質。只要把
Fibonacci這幾個字打到網路搜尋引擎，就可以找到無數相關資
料。

　　黃金比率經常被應用到很多場合。這個比例運用於建築而稱
為「黃金矩形」，據說在視覺美感上特別具有吸引力。整容業者
也利用這個比例雕塑臉部的「完美比例」。這個比率也出現在自
然界，如：花朵、貝殼、鸚鵡螺化石…等。這個比率也出現在五
星形（請參考圖1-1），這個符號據說隱藏著深奧的知識。我認
為，星形的這種比率，隱藏著市場的秘密。

　　在我受教育的過程中，曾經實際接觸猶太神秘主義的資料。
我在加州金色曙光神殿（Golden Dawn temple）的一位老師，曾經
交給我一份叫做「唐老鴨漫遊數學奇境」（Donald in Mathmagic
Land）的迪士尼卡通，認為我可能對於這個影片有興趣，因為唐
老鴨的手掌內有個五星形。

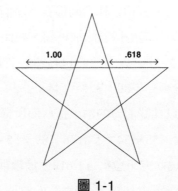

圖 1-1

這部卡通主要是教導小朋友數學，唐老鴨漫遊奇境的過程，曾經碰到柏拉圖與畢氏，談論一些「神秘的數學關係」，並且學得了黃金比例。這部卡通電影舉例說明自然界與建築存在很多0.618與1.618的比率關係。這部卡通是在1959年發行，目前網路上還可以找到，頗值得看看。

在這部影片的最後，迦利略說，「數學是上帝書寫宇宙所使用的字母。」我深信這種說法，各位如果深入學習費波納奇數列蘊含的密碼與比率，最後可能也會有同感，或最起碼也會同意這種說法是有根據的。這不是什麼迷信，因為相關現象都是有證據的。不過，這些東西必須由各位自行發現，然後在自身的旅程上向自己證明。

對於多數交易者來說，重點是如何運用這些比率來判斷行情的關鍵壓力與支撐區域，藉此找到主要的交易機會或佈局。任何市場只要有足夠的資料，就可以運用這些比率，本書將說明其中的技巧。所以，這方面技巧的運用，可以讓交易者掌握顯著的優勢。

第 2 章

運用費波納奇數字於市場的價格軸

　　我們的市場分析，並不直接運用費波納奇數據，而是運用這個數列引伸出來的比率，也就是第1章提到的黃金比率1.618與其倒數0.618。除了前述兩個比率之外，行情分析經常運用的比率還包括：0.382、0.50、0.786、1.00與1.272。

　　某些情況下，可能還會運用0.236、2.618與4.236。

　　第1章談到1.618與0618是如何透過費波納奇數列取得，但其他比率是如何得來的呢？事實上，它們彼此之間都存在數學關係。

　　舉例來說：

$$1.0-0.618=0.382$$
$$0.618\times0.618=0.382$$
$$1.0\div2=0.5$$
$$0.618的平方根=0.786$$
$$0.618是1.618的倒數$$
$$1.618的平方根=1.272$$
$$0.618-0.382=0.236$$
$$0.382\times0.618=0.236$$

$$1.618 \times 1.618 = 2.618$$
$$2.618 \times 1.618 = 4.236$$

現在，我們如何運用這些比率呢？這些比率如何幫助我們呢？

我們準備把這些比率運用在市場的價格軸上，藉以尋找交易佈局與交易機會。我最經常使用的基本交易佈局有三種：（1）價格聚集佈局，（2）對稱佈局，以及（3）兩步驟型態佈局。

作者提醒

這類的費波納奇價格分析適用於任何市場，也適用於任何時間長度的走勢圖，前提是要有足夠的資料而能夠清楚顯示走勢圖擺動的高點與低點。這種分析方法不適合運用在低價水餃股，因為其價格走勢通常不能呈現有意義的擺動。對於這類股票，技術分析沒有參考價值。

交易工具

由於各位對於這類技術分析有興趣，我相信各位一定擁有電腦，也應該能夠取得類似如e-signal、quote.com或Genesis Financial等行情數據資料，而且有一套專供技術分析使用的軟體。當然，如果必要的話，我們確實可以利用計算機和紙筆做計算，但相關計算畢竟太過瑣碎，手工計算不切合實際。（當我剛開始學技術分析時，確實是運用這類老式工具，但我不建議各位這麼做，因為現在有太多神奇科技了。）

　　關於價格與時間的技術分析，我個人使用的軟體是「動態交易者」（Dynamic Trader），使用的資料供應商是e-signal。目前市面上有不少技術分析軟體，起碼都可以做價格分析，但能夠運用於時間分析的軟體不多。

　　除非另有說明，否則本書使用的走勢圖都是來自「動態交易者」軟體。另外，本書的某些走勢圖看起來有些「模糊」，很難明確判斷價格。關於這種現象，請不要擔心；這並不代表我使用的繪圖軟體不夠好。走勢圖看起來模糊，是因為當時的價格聚集在一起，甚至彼此重疊，所以不容易清楚判斷價位。事實上，這正是我想要達到的效果；等各位大約閱讀本書一半的篇幅，就能瞭解其中道理。

費波納奇價格關係

　　接下來，我們要考慮三種不同型態的費波納奇價格關係，用以尋找交易佈局。此三者分別為折返（retracements）、延伸（extensions）與預測（projections，也稱為價格目標）。我們會先探討此三者個別呈現的價格關係；然後才做綜合觀察，尋找交易佈局。這些價格關係都可以用來評估價格走勢圖上的潛在支撐或潛在壓力。

　　所謂支撐（support），是指位在目前價格之下的特定價格區間，該處可能有顯著潛在買盤等著買進，所以目前價格如果下跌的話，很可能在該價格區間獲得支撐。如果我們認為某下檔支撐

不會跌破的話，可能也會把買單設定在支撐區域附近，用以建立多頭部位或結束空頭部位。

所謂壓力（resistance），是指位在目前價格之上的特定價格區間，該處可能有顯著潛在賣盤等著賣出，所以目前價格如果上漲的話，很可能在該價格區間遭逢賣壓。如果我們認為某上檔壓力不會突破的話，可能也會把賣單設定在壓力區域附近，用以建立空頭部位或結束多頭部位。

接下來的三章篇幅，我們準備討論三種價格關係類型。關於本書即將講解的內容，不需要覺得有太大壓力。只要有耐心，每次只專心學習一種概念，那就沒有問題的。

第 3 章

費波納奇價格折返

　　費波納奇價格折返是運用0.382、0.50、0.618與0.786（某些情況也利用0.236）等比率，藉以估計價格由前一波漲勢（低點到高點）向下折返的可能支撐位置，也可以估計價格由前一波跌勢（高點到低點）向上折返的可能壓力位置。

　　對於大多數技術分析軟體來說，只要我們設定先前的主要價格擺動，以及我們打算使用的費波納奇比率，軟體就會自行計算與標示折返水準。

　　可是，各位如果想知道實際運算程序，那也很簡單。

　　把主要價格擺動距離，乘以特定費波納奇比率，結果就是折返距離。把先前主要價格擺動的高點，減去折返距離，結果就是費波納奇折返估計的潛在下檔支撐；同理，把先前主要價格擺動的低點，加上折返距離，結果就是費波納奇折返估計的潛在上檔壓力。

　　圖3-1是「動態交易者」的「價格折返／延伸」工具介面，下文準備利用這個工具計算案例的價格折返。

　　請注意，我在這個介面內設定的比率，它們將分別用來計算價格折返與價格延伸（價格延伸將在下一章討論）。不論價格折返或價格延伸，都是根據先前價格漲勢（由低點到高點）或跌勢（由高點到低點）做計算。

　　由於電腦程式都是採用相同的兩點做計算，所以我們也採用相同工具計算價格延伸。

　　注意：「動態交易者」利用英文字母RET代表「折返」。

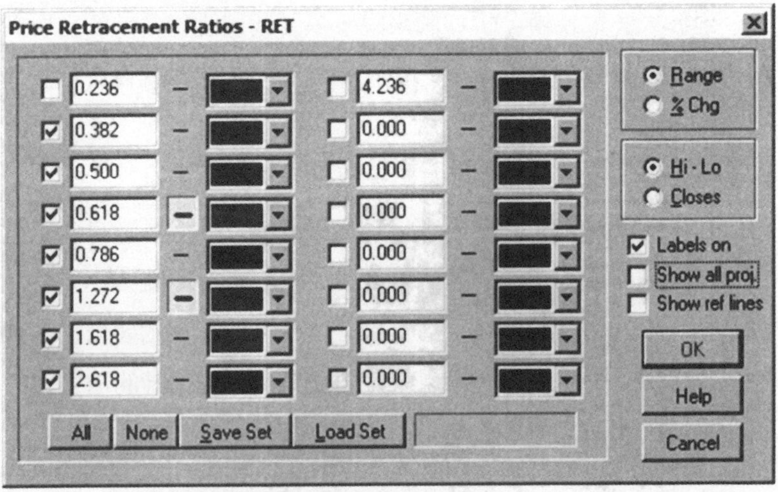

圖 3-1

現在，各位已經知道我們採用的費波納奇工具，接下來將透過幾個例子來說明相關分析如何顯示在走勢圖上。

圖3-2是2007年2月份黃金契約的價格日線圖。

圖形顯示黃金價格由2006-10-04低點上漲到2006-12-01高點，漲幅為86.90點。我們準備利用費波納奇比率估計價格由高點折返的可能支撐位置。

由事後角度觀察，實際支撐位在0.618位置，其他的比率都不代表有效支撐。

圖 3-2

接下來這個例子屬於外匯走勢圖。

我個人多數時間都在期貨市場進行交易，尤其是金融期貨。可是，我發現費波納奇比率分析也同樣適用於現貨指數、個別股票與外匯市場。

圖3-3是歐元日線圖，我們準備估計歐元由2006-12-04高點下跌到2006-12-18低點的向上折返潛在壓力區。就目前這個例子來說，向上折返比率為0.618，但次一波跌勢的向上折返比率為0.786。

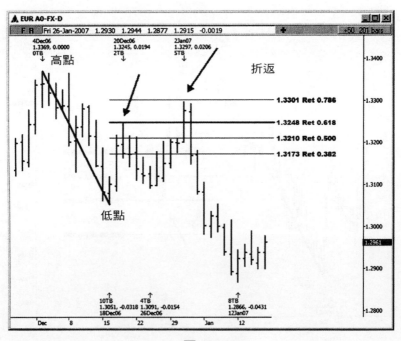

圖 3-3

接下來這個例子（圖3-4），是道瓊工業指數迷你契約的15分鐘走勢圖。

此處考慮的跌勢發生在2007-01-17下午1：15高點到2007-01-19上午8：45低點之間。

請注意，這波跌勢與其向上折返，都是由取多更小型的波動構成。後續例子會說明如何衡量這些小波動的折返。就目前這個例子來說，最初的小型折返位在0.382，但比較重要的折返位在0.618。

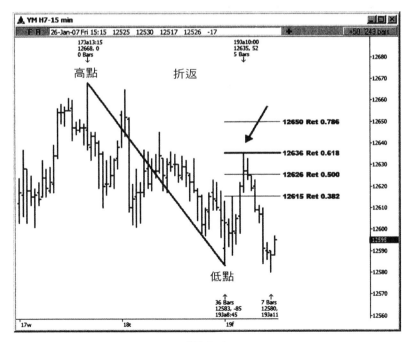

圖 3-4

　　下面這個例子（圖3-5）是道瓊工業指數迷你契約的45分鐘走勢圖。此處考慮的向上擺動幅度很大（243點），向下折返先在0.236反彈，然後在0.382位置觸底。我們發現，這個例子的向下折返並不是很完美的費波納奇比率，但通常只要夠接近，也就視為有效。

　　所謂的「夠接近」，是指實際價位與衡量價位相差3、4檔左右。就目前這個例子來說，0.382折返的衡量目標在12482，實際折返低點在12486，兩者相差4檔。某些市場（譬如：外匯市場）的緩衝空間可以更大一些，尤其是大型價格擺動的折返。

圖 3-5

作者提醒

關於折返的衡量目標與實際水準之間是否吻合的問題，千萬不要太執著，憑著直覺觀察即可：只要沒有顯著的超過或不足，就視為符合。

　　接下來的例子，是微軟的日線圖（圖3-6）。此處考慮的向下擺動，是由2004-11-15高點27.50到2005-03-29低點23.82。我們想藉由費波納奇比率衡量向上反彈的目標水準。0.618是這個例子唯一有效的折返衡量，反彈走勢在該處告一段落。反彈高點落

圖 3-6

在26.09,剛好與衡量目標吻合。請注意,正常情況下,衡量目標與實際折返點通常不會剛好吻合。可是,如果剛好吻合的話,也不需覺得意外。

　　圖3-7是Google股價日線圖的例子。此處考慮的價格向下擺動,是由2007-01-16高點513.00到2007-03-05低點437.00。隨後的價格反彈觸及0.382衡量目標。

　　目前這個例子頗值得進一步觀察。此處衡量的價格擺動是由許多更小型擺動構成。關於這些較小型擺動,我們也可以藉由費波納奇比率衡量折返目標。如果多種期間之價格擺動的衡量目標

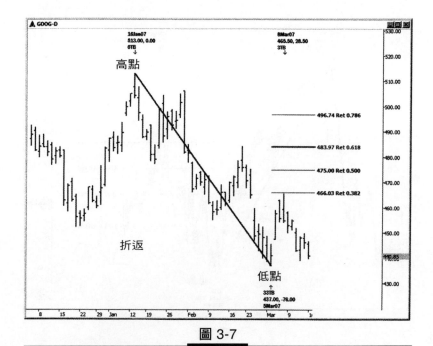

圖 3-7

彼此重疊的話，這類的價格目標通常夠具意義。

　　關於圖3-7的向下擺動，假定只考慮最後一段跌勢，也就是圖3-8顯示2007-02-22高點484.24到2007-03-05低點437.00之間的跌勢。我們發現，根據這個小型向下擺動衡量的0.618反彈目標為466.19，大致等於圖3-7大型價格向下擺動的0.382反彈目標466.03。反彈走勢的實際高點為465.50。

　　事實上，還有其他價格衡量與前述目標一致（請參考本書後續討論）。這種多種衡量目標彼此一致的現象，透露出2007-03-08高點很可能是反彈走勢的峰位。

圖 3-8

　　圖3-9是英鎊外匯走勢圖，此處考慮的價格向上擺動，是由
2006-06-29低點到2006-08-08高點。

　　我們想要衡量後續回檔走勢的下檔可能支撐目標。實際支撐
落在50％衡量位置（箭頭標示處），雖然有些差距，不過也夠接
近了。

　　回檔走勢的另一個重要低點，落在0.618折返位置；這個衡
量目標與實際低點之間的差距不小，但心中有個譜，也沒有什麼
大礙。

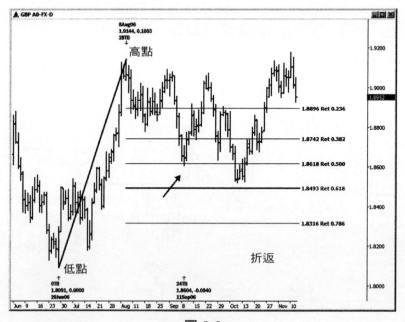

圖 3-9

圖3-10是通用汽車股價日線圖。

此處考慮2006-04-05低點到2006-09-13高點之間價格向上擺動之後回檔走勢的可能支撐水準。

回檔幅度相當小，唯一值得參考的比率是0.236。

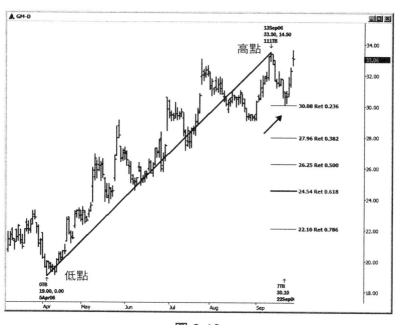

圖 3-10

　　圖3-11是那司達克期貨迷你契約的15分鐘走勢圖。

　　此處想要衡量1822.25到1789.00價格向下擺動的反彈上檔目標。根據後續走勢觀察，反彈高點為1809，與0.618衡量目標1809.55的差距很小。

圖 3-11

圖3-12是3M股價日線圖。

此處考慮2006-07-25低點到2006-09-19高點之價格向上擺動的回檔目標。

回檔走勢在0.382比率獲得支撐，然後恢復漲勢。

圖 3-12

　　圖3-13是羅素期指迷你契約的15分鐘走勢圖。

　　此處衡量由815.60高點到796.80低點之價格向下擺動的反彈走勢可能目標區。目前這個例子只看到0.786比率，實際價位較目標水準差2檔，但已經夠接近了。

　　這波反彈走勢結束之後，緊跟著出現另一波跌勢。

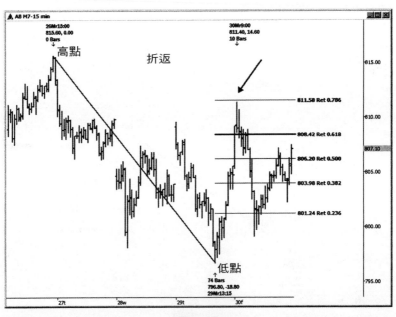

圖 3-13

正確的折返

　　我們可以針對特定走勢圖，衡量多個價格擺動的費波納奇折返目標。這些年來，我看到很多學員們針對錯誤的價格擺動做衡量。

　　我希望下面這個例子，可以釐清這方面的一些錯誤。

　　請參考圖3-14，這是Home Depot的股價日線圖。

　　其中標示幾個可能的價格向上擺動，藉以衡量隨後價格修正的下檔目標區。

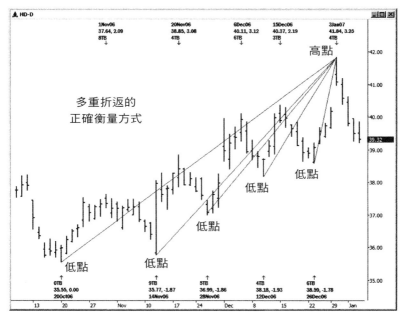

圖 3-14

就這個例子的價格向上擺動，除了由2006-10-20低點到2007-01-03高點之外，還可以考慮幾個較高之低點到2007-01-03高點之間的價格擺動。

譬如圖3-14標示的：2006-11-14低點到2007-01-03高點、2006-11-28低點到2007-01-03高點、2006-12-12低點到2007-01-03高點，以及2006-12-26低點到2007-01-03高點。

當我們想衡量價格向下修正的可能目標區（換言之，價格由2007-01-03高點折返，下檔支撐可能在哪裡？），需要先決定費波納奇比率施用的對象，究竟是先前發生的哪個價格向上擺動。

就這方面的考量來說，前述價格擺動都值得做為參考根據，而且我們發現，這些價格擺動所衡量的目標，有些是彼此重疊的──這也是我們樂見的情況。

不正確的折返

圖3-15呈現的走勢圖與圖3-14相同。當我們衡量價格由2007-01-03高點回檔的可能下檔目標區，所根據的價格向上擺動除了2006-10-20低點到2007-01-03高點之外，圖3-15還標示幾個不正確的價格向上擺動。

這些價格擺動或許能夠用來衡量其他的折返目標，但不適用於此處。換言之，由2006-10-20低點到2006-11-20高點之間的價格向上擺動，與目前價格由2007-01-03高點回檔的可能目標區無關。

　　如果我們考慮價格由2006-11-20高點回檔的下檔可能支撐，則前述價格向上擺動是值得考慮的對象。可是，一旦2006-11-20高點被突破，我們將由新高點衡量價格回檔目標。基於相同的道理，下面兩個價格向上擺動也與目前的問題無關：由2006-11-14低點到2006-12-15高點，以及2006-11-28低點到2006-12-15高點；雖然這兩個價格向上擺動，在2006-12-15高點還沒有被突破之前是有用的。

　　我希望讀者能夠掌握此處所希望釐清的混淆。

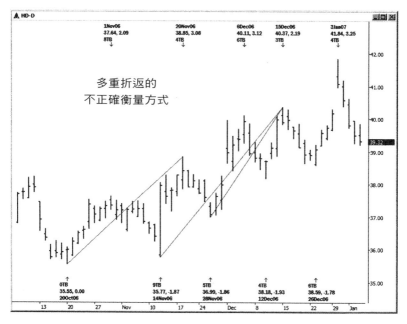

圖 3-15

高點到低點之跌勢的正確折返衡量

讓我們藉由原油迷你契約的例子，說明如何衡量價格向下擺動的反彈目標；換言之，價格經過一系列跌勢之後，如何由2006-10-31低點向上反彈，上檔壓力區可能在哪裡。

請注意，當我們考慮價格由高點到低點之跌勢的向上反彈，衡量起點是當時價格的最低點，也就是2006-10-31的低點。我們要根據2006-10-31低點之前的價格跌勢，衡量該跌幅的費波納奇比率做爲價格反彈目標區。

就圖3-16來說，所謂先前的價格跌勢可能包括：

2006-07-17高點～2006-10-31低點
2006-08-08高點～2006-10-31低點
2006-08-25高點～2006-10-31低點
2006-09-28高點～2006-10-31低點
2006-10-17高點～2006-10-31低點

還有另一個可能對象，但該跌勢的高點只不過稍低於2006-10-17高點。由於兩波跌勢的低點相同，高點也幾乎相同，所以沒有必要重複考慮兩個幾乎相同的跌勢。

根據所有這些跌勢，由2006-10-31低點向上衡量費波納奇折返目標。請注意，如果2006-10-31低點被跌破，相關衡量就必須根據新的最低點。

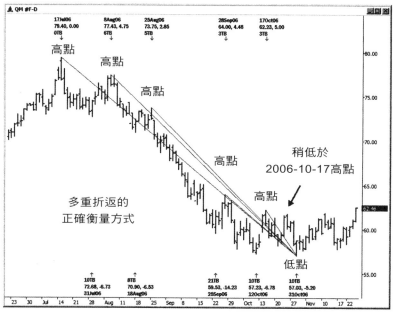

圖 3-16

　　圖3-17標示幾個與目前狀況（由2006-10-31低點向上衡量反彈目標）無關的跌勢，因為它們都採用較高的低點。

　　舉例來說，由2006-07-17高點到2006-09-25低點的跌勢，顯然與目前的分析無關，因為2006-09-25低點已經遭到跌破。可是，當2006-09-25還是最低點時，這波跌勢是具有衡量價值的。

　　下面兩個擺動也沒有參考價值：2006-08-08高點到2006-09-25低點，以及2006-08-25高點到2006-10-04低點，因為目前的最低價是2006-10-31低點。

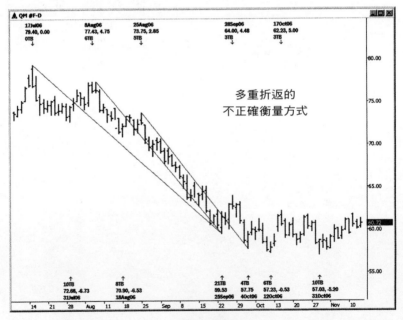

圖 3-17

結　語

　　進一步討論費波納奇價格延伸之前，我希望藉此機會釐清技術分析者經常提出的問題：費波納奇支撐區一旦被跌破，是否將成為後續走勢的上檔壓力？同理，費波納奇壓力區一旦被突破，是否將成為後續走勢的下檔支撐？關於這個問題，答案是否定的，因為這種論述不符合費波納奇比率衡量所採用的方法論，雖然有些案例似乎顯示過去的支撐轉變為新壓力，或過去的壓力轉變為新支撐。評估後續走勢可能的支撐或壓力，就應該根據最近價格走勢重新衡量。總之，市場是動態的、有生命的，會繼續成長，所以我們的分析也應該反映這方面的性質。

費波納奇法則

第 4 章

費波納奇價格延伸

　　本章將提出幾個有關費波納奇價格延伸的例子，這也是根據
先前走勢衡量相反方向的可能支撐或壓力。費波納奇價格延伸類
似於價格折返，都是以先前低點到高點之漲勢或先前高點到低點
之跌勢做為根據，運用費波納奇比率衡量後續反向走勢的目標價
位。價格折返與價格延伸之間的唯一差別，只在於價格折返幅度
不會超過先前參考走勢的100％，但價格延伸則會超過先前參考
走勢的100％。關於這兩種衡量，我們採用的技術軟體分析工具
應該會一樣，但名稱不同則蘊含著後續反向走勢的幅度，會或不
會超過先前的參考走勢。

　　對於先前由低點到高點之間的參考漲勢，我們採用1.272與
1.618比率來衡量反向延伸走勢的潛在支撐。對於先前由高點到低
點之間的參考跌勢，也採用1.272與1.618比率來衡量反向延伸走勢
的潛在壓力。除了這兩個比率之外，另外還運用2.618與4.236比
率。我個人採用2618來衡量第三個可能目標，但通常不會考慮
4.236，除非碰到特別例外的延伸走勢，才會考慮採用這個比率來
設定可能目標。

　　關於這方面分析，我們仍然採用「動態交易者」軟體。事實

上，不論價格折返或價格延伸的衡量，多數軟體都會採用相同工具，因為參考價格走勢都完全相同，只是使用的費波納奇比率大於100％或小於100％的差別。

注意：本書採用EX Ret標示價格延伸。

首先，我們探討圖4-1的例子，這是羅素現貨指數的日線圖。此處考慮2006-04-21高點到2006-04-27低點之間發生的跌勢，我們由2006-04-27低點向上衡量可能的價格壓力目標，採用的比率為1.272與1.618。就目前這個例子來說，1.272衡量的目標相當準確，延伸漲勢觸及目標價位之後，立即回挫。

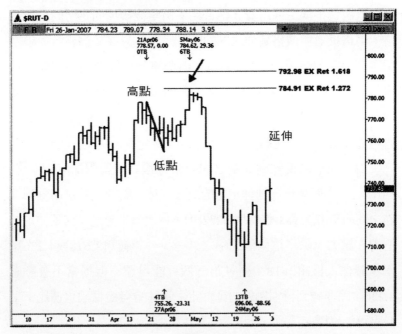

圖 4-1

　其次，請觀察原油期貨的60分鐘走勢圖（圖4-2）。

　此處考慮2007-01-12低點51.58到2007-01-15高點53.38之漲勢的反向價格延伸，藉由1.272與1.618衡量可能的支撐。

　請注意，實際低點與1.618衡量目標之間只有幾檔的差別。根據我多年的觀察，這類延伸走勢通常都會終止於1.272或1.618目標水準——即使只是暫時的。

圖 4-2

　　讓我們再看看另一個價格延伸的案例，這是道瓊迷你契約的
15分鐘走勢圖（圖4-3），此處考慮價格向下擺動之後的反向價格
延伸目標。

　　請注意，價格向上反彈到1.272目標水準之後，價格一度回
挫，後續反彈則在觸及1.618目標水準之後回檔。可是，價格最
終還是向上突破這兩道壓力區。這並沒有什麼不尋常之處，因為
道瓊指數當時處於上升趨勢，不過前述兩個衡量目標至少構成短
期壓力，這也是短線交易者應該知道的。

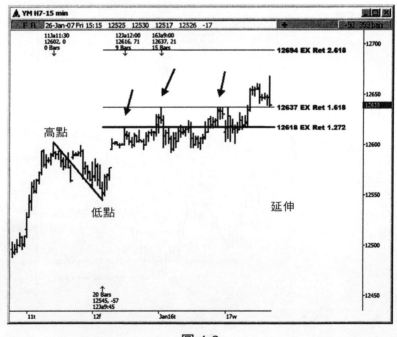

圖 4-3

　　圖4-4是S＆P迷你契約的15分鐘走勢圖。

　　此處考慮的價格跌勢介於1435.75與1429.25之間。我們想要知道，指數由1429.25向上反彈的可能目標區。實際走勢在1.272水準稍做停頓，但很快就向上穿越該水準，直撲1.618目標區，然後出現比較顯著的拉回整理，但最後還是向上突破。同樣地，這種走勢沒有什麼不尋常之處，因為當時處在上升趨勢。

圖 4-4

　　圖4-5顯示S＆P迷你契約15分鐘走勢圖的另一個價格延伸例子。我們根據價格向上擺動（由2007-01-17下午2：15低點1435.50，到2007-01-18上午9：00高點1440.75）而衡量延伸走勢的下檔可能支撐。

　　價格延伸跌勢在1.272目標區完全沒有停頓；可是，1.618衡量的目標水準則發揮顯著的支撐功能。

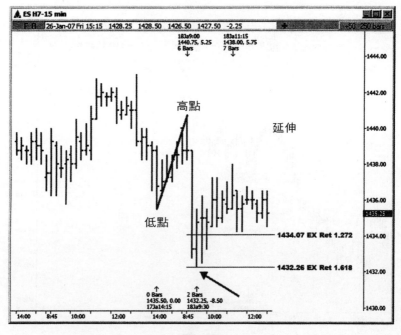

圖 4-5

　　下面這個例子是羅素迷你契約的日線圖（圖4-6）。在2006-12-05高點到2007-01-09低點之間的跌勢之後，價格向上反彈，很快穿越1.272衡量目標，觸及1.618目標區而後回檔。一旦價格顯著穿越某個衡量目標，「動態交易者」軟體就會自動刪除相關的標示（換言之，圖4-6沒有標示1.272衡量目標）。這波反彈走勢的實際高點為831.90，距離1.618衡量目標832.10只有2檔差距；隨後出現一波58.70點的跌勢。我經常提醒交易者，一旦延伸走勢逼近或超過1.272目標區，就應該調緊停止點，因為多數延伸走勢都會終止於目標區域，或最起碼也會稍做停頓。

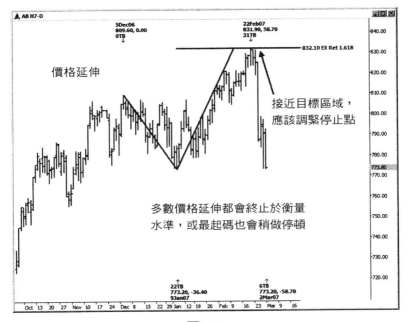

圖 4-6

　　圖4-7顯示SBUX日線圖的價格延伸衡量。

　　這個例子考慮2006-12-01低點34.90到2006-12-05高點37.14之間的漲勢，衡量隨後價格延伸跌勢的可能支撐區。我們發現，後續跌勢確實在1.272目標區顯著反彈（雖然稍微穿越）；該波跌勢的實際低點位在33.49，距離1.618衡量目標33.52的差別很有限。

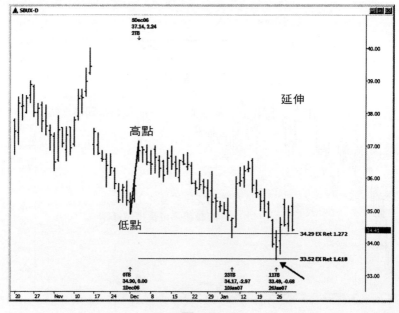

圖 4-7

　　接著，讓我們看看IBM日線圖（圖4-8），此處考慮由2005-11-29高點89.94到2006-07-18低點72.73之間的跌勢，我們想衡量價格由此向上反彈的延伸目標。

　　對於目前這個例子，1.618衡量目標發揮顯著功能。衡量目標為100.58，實際反彈高點為100.90，兩者之間存在一些誤差，但只要誤差不太大，我通常都會把目標衡量保留在走勢圖上。

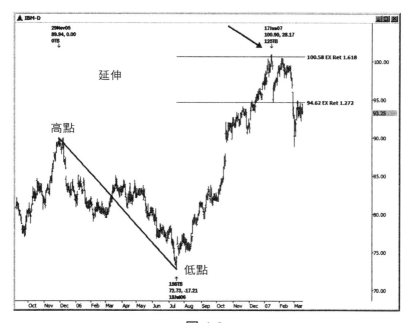

圖 4-8

Google似乎是一支相當尊重市場幾何性質的股票。

請參考圖4-9，根據2007-02-12低點455.02到2007-02-22高點
484.24衡量的價格延伸跌勢目標，1.272目標沒有發揮顯著功能，
但1.618的目標價位則提供短線交易機會。

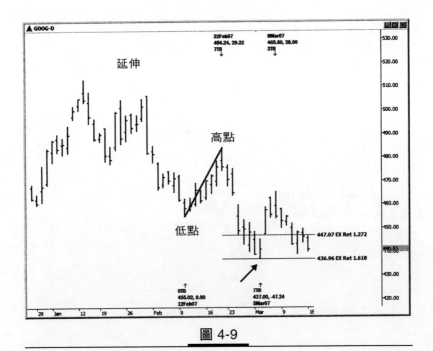

圖 4-9

　　圖4-10是英特爾日線圖，此處考慮的跌勢介於2006-10-16高
點22.03到2006-11-06低點20.32之間，衡量價格延伸漲勢的上檔
潛在壓力。反彈走勢剛好停頓在1.272衡量目標22.50，隨後出現
相當顯著的跌勢。

圖 4-10

　　圖4-11是Home Depot的股價日線圖，考慮的價格跌勢介於
2006-11-01高點37.64到2006-11-14低點35.77之間，我們想要衡量價
格反彈延伸的上檔壓力區。就這個例子來說，1.618衡量代表可供
短線交易的高點，因為價格由此目標區域回檔的程度頗深。請注
意，費波納奇比率衡量目標大多不代表趨勢轉折點，因此也很容
易遭到突破。本書稍後的一些例子顯示，即使是一系列不同衡量
的目標區域都落在相同位置，這些諸多衡量彼此吻合的目標區，
往往也不代表小型趨勢的轉折點。總之，費波納奇比率不是什麼
神奇的魔術，但只要運用適當還是能夠讓我們擁有交易上的優勢。

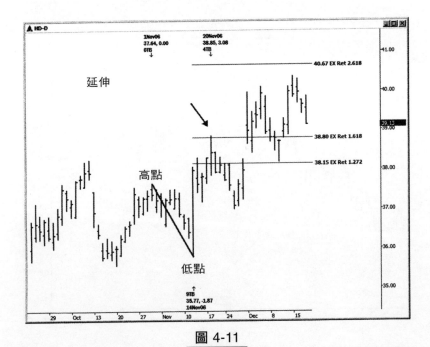

圖 4-11

　　圖4-12是雅虎股價日線圖，這個例子考慮的跌勢介於2005-
06-07高點38.95到2005-09-21低點31.60之間，我們想要衡量向上
延伸走勢的壓力區。

　　這份圖形標示兩個目標衡量：1.272與1.618。實際反彈高點與
1.618衡量目標43.49之間只有幾檔的差距。

圖 4-12

　　費波納奇價格關係同時適用於很多不同時間架構的走勢圖。
圖4-13是S&P迷你契約的3分鐘走勢圖。這個例子考慮1398.50低
點到1403.50高點之間的漲勢，我們想要衡量隨後價格延伸跌勢
的下檔目標。就這個例子而言，1.618衡量目標是可供短線交易
的機會。

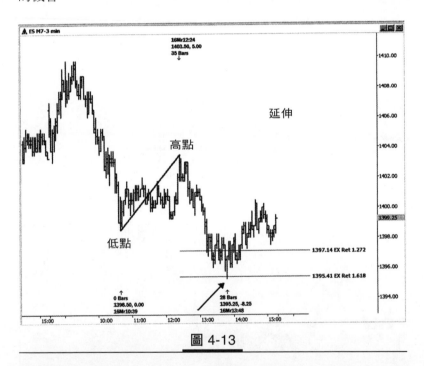

圖 4-13

作者提醒

在我主持的網路聊天室裡，我藉由軟體提供的自動化功能提醒交
易者注意這類衡量目標，因為很多延伸走勢都終止於此。

　　下面這個例子是S＆P現貨日線圖（圖4-14），也顯示延伸走勢在1.272或1.618「變臉」。

　　此處考慮的漲勢是由2007-03-05低點到2007-03-09高點，拉回整理的延伸走勢終止於1.272水準，這波走勢的實際低點為1363.98，衡量目標為1364.13。隨後出現一波非常顯著的漲勢，截至目前為止為74點。

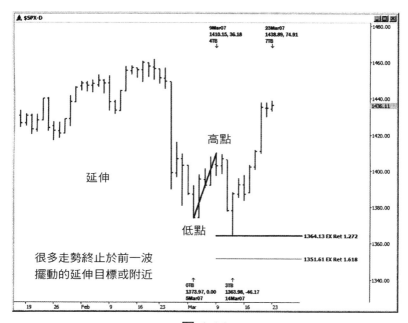

圖 4-14

結　語

　　本章透過一些案例顯示，很多走勢終止於前一波擺動的延伸目標或附近。身為短線交易者，務必要清楚這類的費波納奇衡量目標。預先設定這些水準，交易者可以有心理準備，能夠從容因應很可能出現的變盤。接下來，我們準備討論如何運用費波納奇比率預測主要走勢的價格目標。

第 5 章

費波納奇價格預測或目標

　　本章準備藉由費波納奇比率，針對特定價格走勢，預測相同方向後續走勢的目標價格。這種預測有時候也直接稱為價格目標。本書的走勢圖通常都引用PO（price object，價格目標）表示這種預測。

　　這種預測是根據三個價格點做衡量，比較相同方向的價格擺動。對於由低點到高點的漲勢，則由另一個低點向上預測後續漲勢的可能目標（壓力）；同樣地，對於由高點到低點的跌勢，則由另一個高點向下預測後續跌勢的可能目標（支撐）。關於這方面的預測，最經常使用的費波納奇比率為1.00與1.618。

　　100％的預測，也就是對稱（symmetry）。（稍後，本書將另闢一章篇幅專門討論對稱的概念。）目前，各位只需要知道，對稱就是指相同方向的類似或等量走勢。我每天都會利用對稱預測建立順勢交易。各位只要研究此處的例子，就可以清楚瞭解對稱的概念。

　　關於這些價格關係，各位使用的分析工具，必須能夠運用走勢圖上的3個點。對於「動態交易者」軟體，這稱為替代價格預測工具（alternate price projection tool）。

　　圖5-1顯示這項工具的介面。

　　這方面的用語經常會造成混淆，因為很多技術分析軟體稱這種涉及3個點的費波納奇工具為延伸（extension）工具，而不是預測工具。總之，各位必須清楚，為了預測相同方向的走勢，相關工具必須能夠讓使用者挑選3個點。

　　注意：動態交易者提供之走勢圖，其價格預測標示為APP（也就是Alternate Price Projection的簡稱）。

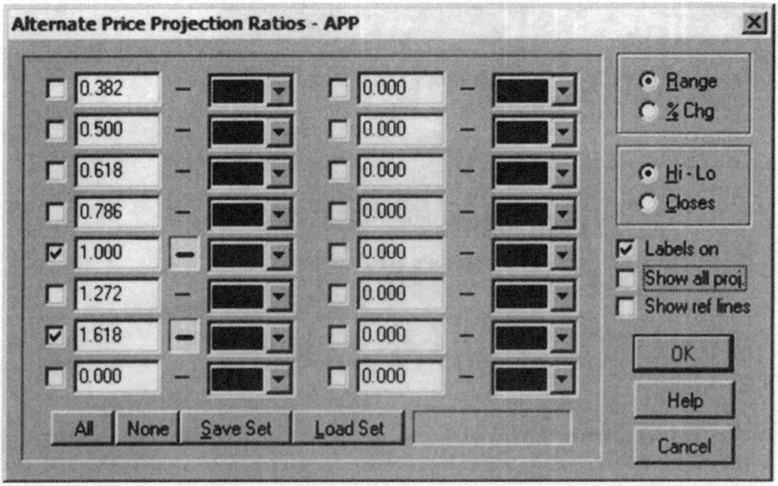

圖 5-1

動態交易者軟體的價格預測工具

　　圖5-2例用通用汽車日線圖說明如何預測價格目標。請記住，
這方面預測使用3個點，比較相同方向的價格擺動。我們根據的價
格擺動是由A到B的漲勢，幅度為3.9點。隨後，當價格在C點觸底
而回升，我們想根據前一波漲勢幅度（3.9點），藉由1.0與1.618比
率，預測相同方向漲勢的可能目標。由C點向上衡量3.9點的100
％，目標價位為34.28；由C點向上衡量3.9點的161.8％，目標價
位為36.69。實際上，通用汽車由C點啟動的漲勢，在1.0預測目
標並沒有停頓，結果終止──或暫時終止──於1.618目標。

圖 5-2

圖5-3顯示S&P迷你契約的3分鐘走勢圖，其中只標示1.0的預測，因為這是比較下降趨勢內的修正漲勢（corrective rallies）。關於修正擺動之間的比較，通常都適用對稱衡量（100％）。

請注意，此處考慮的第一個價格擺動，是由1434.25低點到1436.75高點的反彈漲勢，幅度為2.50點。如果我們由稍後的另一個低點1433.75向上衡量前一波漲勢（2.50點）的100％，目標價位為1436.25（＝1433.75＋2.5×1.00）。

這波漲勢的實際高點，剛好等於衡量目標，隨後出現4.00點的跌勢。就目前這個例子來說，兩個價格擺動完全對稱，都是2.50點的漲勢。

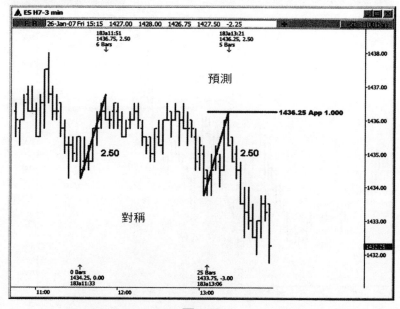

圖 5-3

　　讓我們看看圖5-4的Google股價走勢圖，參考價格擺動是由A點到B點，我們由C點向上衡量1.00與1.618做為目標價位。1.0的預測價位為389.32，這與實際漲勢的高點之間稍有偏差（實際高點為390.00），但此處確實存在可觀的壓力，使得漲勢在此回檔。1.618的預測目標為402.50，這個預測完全沒有發揮作用。

　　某些情況下，費波納奇價格關係非常精準，看起來幾乎就像魔術一樣。可是，各位不該預期這類現象會經常發生。實際價位與預測目標之間的偏差只有不太離譜，就視為有效的衡量，對於

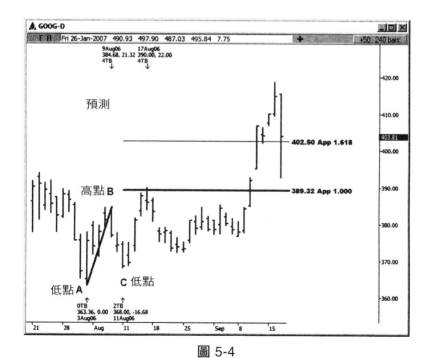

圖 5-4

交易決策通常也具有參考價值。我個人認為，不該太輕率地抹除
費波納奇衡量水準。

　　圖5-5是英特爾股價日線圖，此處是根據A點到B點之間的跌
勢，由C點向下衡量可能的支撐區。A點到B點之間的跌幅為2.55
點，由C點向下衡量100％，目標為19.95，實際走勢的低點稍微
不足（20.03）。這兩波跌勢之間，確實存在對稱，跌幅分別為
2.55點與2.47點。

圖 5-5

　　圖5-6是道瓊迷你契約的15分鐘走勢圖。A點到點之間的漲幅為32點，我們想由C點向上衡量相同方向走勢的目標價位，使用的費波納奇比率為1.00與1.618。就目前這個例子來看，漲勢在1.00目標區稍做停頓。

　　由事後觀察，這兩個預測目標都沒有造成太大壓力。（請記住，這些價格關係很多都會被突破或穿越，有些甚至毫無參考價值！）

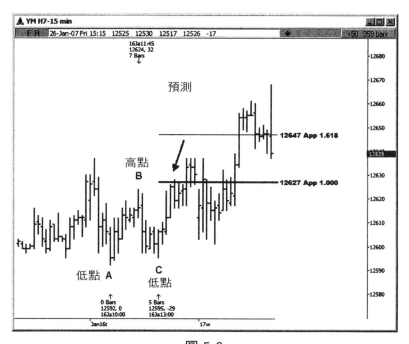

圖 5-6

我不希望各位誤以爲費波納奇價格關係永遠有效，所以我想藉由圖5-7的Google股價走勢圖做爲反面教材，顯示相關的價格預測完全沒有發揮任何作用。

身爲作者，如果只提供正面的例子，那就是不負責任。不論哪種技術分析方法，都不可能永遠有效。

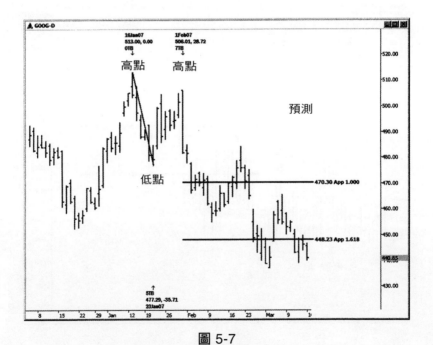

圖 5-7

圖5-8顯示羅素指數日線圖。

我們想根據2006-02-14低點（A點）到2006-03-03高點（B點）的走勢，由2006-03-08低點（C點）向上衡量相同方向走勢的潛在壓力區。

請注意，價格漲勢在1.00目標區稍微拉，後續漲勢幾乎觸及1.618目標。

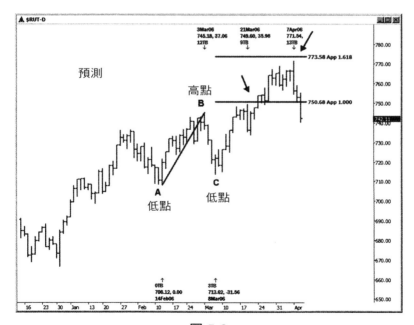

圖 5-8

請參考圖5-9的S＆P現貨日線圖。

我們計算2004-08-13低點1060.72（A點）到2004-10-06高點
1142.50（B點）的漲幅，然後由2004-10-25的另一個低點1090.10
（C點）向上衡量該波段漲勢的可能目標價位。

我們發現，該波漲勢在1.00目標區稍做停頓，然後在1.618目
標區大幅回檔。

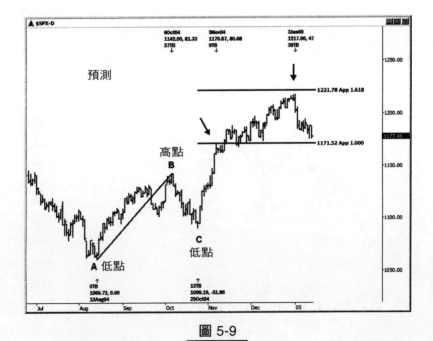

圖 5-9

　　圖5-10是S&P現貨指數日線圖。

　　這個例子中，我們衡量2007-01-08低點1403.97（A點）到2007-01-25高點1440.69（B點）之間的漲勢，然後由另2007-01-26的另一個低點1416.96（C點）向上衡量漲勢的可能目標。1.00目標區代表可供交易的機會（這個例子沒有測試1.618目標區）。

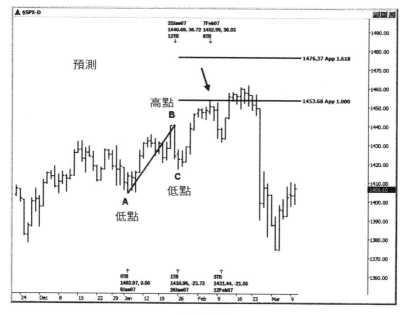

圖 5-10

其次考慮外匯市場的例子：加拿大元（圖5-11）。此處是根據先前的向下價格擺動，預測後續向下擺動的目標價位。請注意，加拿大元當時是處在多頭走勢，所以我們是預測修正走勢的目標。

我們考慮的第一個向下擺動，是由2006-12-18高點到2006-12-20低點之間的跌勢，然後由2007-01-11新高點向下預測目標區。由於我們考慮的是修正走勢，所以優先採用1.00的預測，目標價位為1.1644。

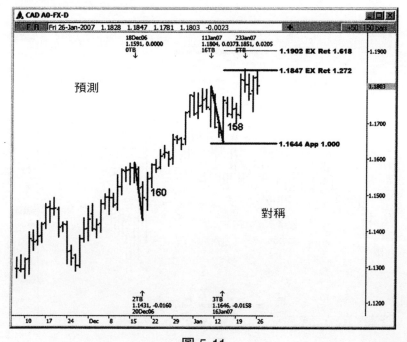

圖 5-11

　　該波跌勢的實際低點為1.1646，距離目標價位只有2檔。向
下修正結束之後，後續漲勢攀升到1.1851，由2007-01-16起算的
漲幅為205小點。請注意，這波漲勢停頓於1.272延伸目標。

　　圖5-12是JC Penny股價日線圖。我們根據2006-11-13高點到
2006-12-01低點（A點到B點）之間的跌勢，由2006-12-15高點
（C點）衡量相同方向跌勢的下檔目標。

　　就目前這個例子來說，這波跌勢終止於1.00預測目標（沒有
測試1.618預測目標），接著出現一波顯著的漲勢，價格攀升到
11.95。

圖 5-12

　　請參考圖5-13的雅虎股價日線圖，這個例子很難找到預測的
起點。相較於先前的案例，目前這個例子的價格向上擺動低點
（C點）並不明確。所以，費波納奇價格關係的衡量，除了科學
之外，往往有很濃的藝術成分。有時候，技術分析必須仰賴普通
常識或直覺。這個例子的價格擺動在日線圖上雖然不清楚，但在
60分鐘走勢圖上則相當明確。所以，當我們碰到這類的困難時，
經常可以在更短期的走勢圖上找到參考線索。衡量200510-25低
點到2005-11-01高點（點到點）之間的漲勢，然後由2005-11-03
的低點（C點）向上預測目標價位。我們發現，在1.00目標區並
沒有出現壓力，但1.618目標區則提供短線交易的機會。

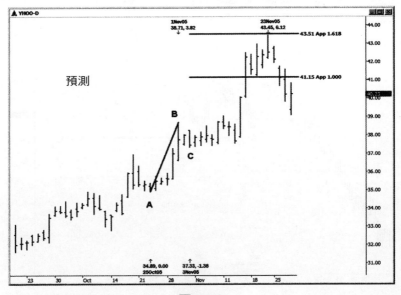

圖 5-13

　　圖5-14顯示通用汽車日線圖，首先計算2006-06-08低點到
2006-06-30高點（A點到B點）之間的漲勢，然後由2006-07-14低
點（C點）向上預測可能的目標價位。

　　就目前這個例子來說，1.00目標水準的壓力相當明確（至於
1.618預測目標，則與實際高點之間存在頗大的差距，該預測目
標雖然沒有發揮功能，但交易者還是應該養成習慣，一旦價格接
近目標區，就應該緊縮停止點。關於如何使用追蹤型停止單，本
書稍後會有詳細解釋。）

圖 5-14

結 語

　　這幾章說明如何運用各種費波納奇價格關係建構交易部位，包括：價格折返、價格延伸與價格預測。下一章將觀察這些價格關係的「匯集效應」或「群聚」，我們可以藉此辨識第一類型的交易佈局：費波納奇價格群聚。

第 6 章

費波納奇價格群聚佈局：交易佈局＃1

所謂的價格群聚（price cluster），是指至少有3個費波納奇價格關係發生在相對有限的價格區間內。價格群聚代表可以做為交易佈局的主要支撐／壓力區。某價格群聚可能是由3個折返、3個延伸、3個預測，或者是這些費波納奇關係的任何結合。

當然，價格群聚所反映的費波納奇關係可以超過3個。此處規定的3個費波納奇價格關係，只是價格群聚定義上的最起碼條件。實際上，我們可能在很小的價格區間內，同時看到5～10個費波納奇關係。

同時出現的費波納奇價格關係數量愈多，雖然不代表該支撐／壓力愈可靠，但至少意味著這是很重要的價格決策區域。如果該區域能夠有效發揮作用，出現重大走勢的可能性很高。

反之，如果該區域被突破，穿越走勢也很可能加速進行。如果這類重要的價格群聚發生在目前行情附近，往往會發生顯著的磁石效應。

趨勢

當我考慮價格群聚的佈局時，就進場建立部位而言，只會專注於順勢的價格群聚。這類的佈局勝算較高。所謂趨勢，我使用的定義很簡單，是單就走勢圖的整體型態而論。所謂上升趨勢，就是指價格走勢圖持續創新高，回檔低點也持續墊高；反之，下降趨勢則是指價格擺動的高點與低點都持續下滑。

我相信順勢操作，通常不會建立逆勢部位。如果我面對的是多頭行情（價格走勢圖的擺動高點與低點都持續墊高），建立部位只會考慮多頭買進佈局。反之，假定我面對的是空頭行情（價格走勢圖的擺動高點與低點都持續下滑），則建立部位只會考慮放空佈局。

至於「逆勢的」價格群聚，通常只運用做為既有部位出場策略的參考。舉例來說，如果我持有多頭部位而發現行情逼近上檔壓力群聚，則可能調緊賣出停止點，或做部分的獲利了結。

逆著中期趨勢的價格群聚，仍然可以視為交易佈局，但要有適當的心理準備，瞭解其勝算低於順勢群聚的交易佈局。運用適當的工具過濾這些逆勢佈局，可以提升勝算。

圖解：上升趨勢，整體價格擺動的高點與低點持續墊高──專注
於買進群聚的交易佈局

圖6-1顯示S＆P現貨指數的日線圖。由2006年7月的低點開始，一直到2007年2月的高點為止，S＆P的整體趨勢向上發展。我所謂的「整體」，是指價格擺動的高點與低點大體上都持續墊高。可是，在這段期間內，我們的多頭部位可能在某個回檔低點被停止出場，雖然整體趨勢還是朝上發展。

換句話來說，我們可以請一位4歲大的小孩子來幫看看這份走勢圖，請他告訴我們整體趨勢究竟是朝上或朝下發展。小孩子通常只會注意整體方向：整體樹林而不是個別樹木。

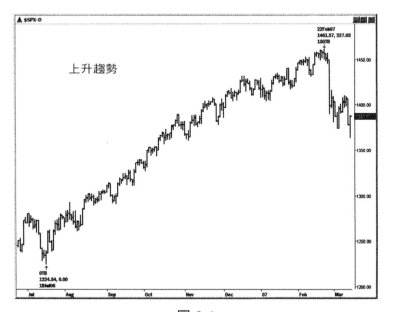

圖 6-1

**圖解：下降趨勢，整體價格擺動的高點與低點持續下滑——專注
於賣出群聚的交易佈局**

圖6-2顯示S＆P現貨指數的日線圖。由2001年5月的高點開始，一直到2001年9月的低點為止，S＆P指數的整體趨勢是朝下發展。我所謂的「整體」，是指價格擺動的高點與低點大體上都持續下滑。

可是，在這段期間內，我們的空頭部位可能在某個反彈高點被停止出場，雖然整體趨勢還是朝下發展。請注意，應該由4歲小孩的觀點評估整體趨勢。

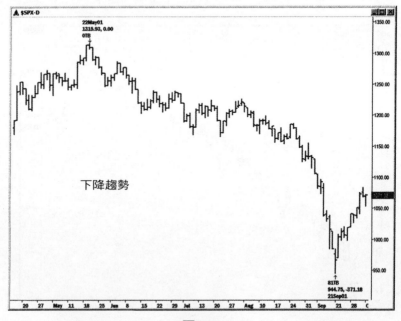

圖 6-2

資金管理

在實際談論群聚佈局之前，我想先談一下這方面的風險控制。首先，讓我們界定風險程度。當我們運用價格群聚佈局進場時，最大風險設定為價格群聚區域端點外側的幾檔處。當然，我們還可以考慮其他設定停損的方法，其風險將小於最大風險（相關策略請參考後文討論）。其次，建立部位時，對於該部位的獲利潛能，多少應該有些概念。我對於任何價格群聚佈局設定的最小獲利目標，永遠設定為進入該佈局之價格擺動幅度的1.272倍。這個獲利目標實現的機會很大，尤其是在趨勢明確的市場，但絕對不是萬無一失。至於第二個、乃至於第三個獲利目標，則設定為前述價格擺動幅度的1.618與2.618倍。

關於獲利目標，我想要強調幾點。由於獲利目標未必能夠實現，所以要有合理的資金管理策略。這是說部位的停止點或是設定在損益兩平點，或者採用追蹤型停止策略。這種情況下，即使部位不能實現1.272目標，也應該儘量避免發生虧損。相反地，1.272目標也經常可能被超越。所以，這個目標區可以只做部分的獲利了結，剩餘部位則可以採用追蹤型停止策略，讓市場決定部位究竟結束於哪裡，不需要預先設定獲利了結的目標。

價格群聚案例

現在，讓我們看看一些價格群聚佈局的實際例子。為了方便

讀者掌握當時的情況，我會標示費波納奇價格計算所根據的價格
擺動高點與低點，以及其發生日期。

　　關於價格群聚佈局，第一個例子將詳細說明每個步驟，由空
白的走勢圖開始，解釋如何決定股價的大致趨勢方向。往後的案例
中，雖然還是會說明價格群聚關係的根據所在，但會愈來愈簡略。

　　請參考圖6-3的道瓊迷你契約30分走勢圖（2007年6月份契
約），首先要決定相關佈局的趨勢方向。我個人認為，這份走勢
圖明顯呈現多頭趨勢，價格擺動的一系列高點與低點持續墊高。
我希望順著行情的趨勢發展方向，尋找適當的價格群聚佈局；換

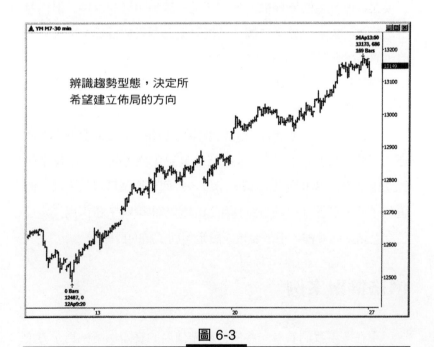

圖 6-3

言之，我希望找到適合進場建立多頭部位的支撐區。決定趨勢方向之後，然後尋找價格關係的群聚位置。

其次，我們看到這份走勢圖包含兩波主要的價格擺動，可以做為費波納奇價格關係的衡量根據：一是由12781低點到13173高點，另一是由12948低點到13173高點。

請參考圖6-4，其中標示一些可能的支撐位置。當各位從頭到尾把本書閱讀一次之後，對於如何選擇價格擺動做為費波納奇價格關係的衡量根據，將會有更清楚的概念。

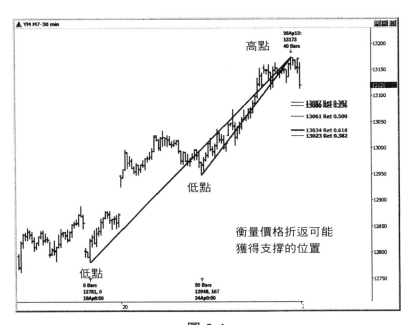

圖 6-4

衡量折返目標之後，接著觀察先前價格擺動的價格延伸是否提供有意義的支撐。

就目前這個例子，衡量價格延伸所根據的兩波價格擺動分別是由13112低點到13173高點，以及由13124低點到13173高點。

圖6-5顯示1.272與1.618延伸衡量。

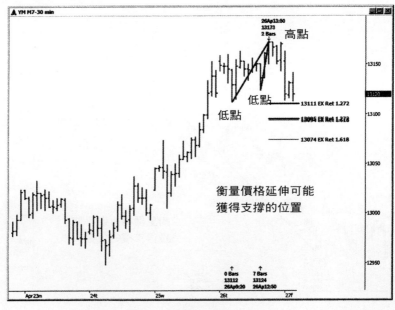

圖 6-5

最後，我們需要根據先前的價格向下擺動，預測下檔支撐的目標區。就目前這個例子來說，由於主要趨勢向上，向下擺動屬於拉回整理，所以此處只考慮1.0的對稱預測。

圖6-6標示一些價格向下擺動的根據，然後由13173高點向下預測前述價格擺動的1.0支撐。

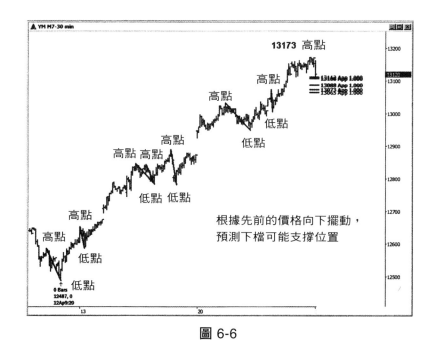

圖 6-6

關於折返、延伸或預測的衡量，順序並不重要。各位可以先衡量
延伸或預測，最後衡量折返；重點是要做完整三種衡量，然後觀
察聚集效應。

　　請參考圖6-7，其中標示道瓊指數契約30分鐘走勢圖的相關
衡量。首先把注意力擺在最接近目前行情的兩個下檔聚集支撐
區：13107～13112，以及13087～13095。除非這兩個區域遭到
貫穿，我才會開始留意其他聚集區。

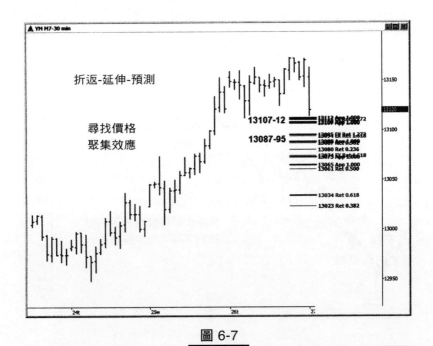

圖 6-7

圖6-8顯示圖6-7相關分析的結果。

由13173高點拉回的整理跌勢，其實際低點爲13113，距離13107～13112群聚高限只有1檔。

然後，價格向上彈升75點，這波走勢的每口契約價值相當於$375.00，雖然交易者只能夠實際掌握其中一部分的走勢。

由於13107～13112價格聚集確實發揮效用，讓我們看看這個聚集是由哪些價格預測關係構成（請參考圖6-9）。

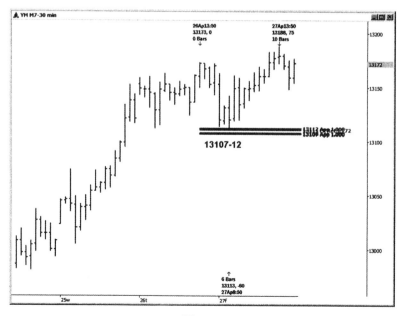

圖 6-8

　　衡量根據的價格向下擺動介於12653高點到12587低點（圖6-9標示為點1與點2）之間，由13173高點（點7）向下衡量1.0＝13107

　　衡量根據的價格向下擺動介於12847高點到12782低點（圖6-9標示為點3與點5）之間，由13173高點（點7）向下衡量1.0＝13108

　　衡量根據的價格向下擺動介於12843高點到12782低點（圖6-9標示為點4與點5）之間，由13173高點（點7）向下衡量1.0＝13112

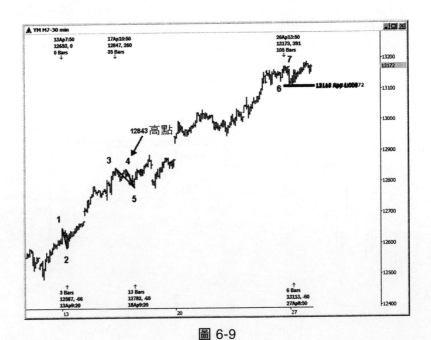

圖 6-9

　　圖6-10顯示價格延伸與先前對稱預測之間的重疊狀況。

　　衡量根據的價格向上擺動介於13124低點到13173高點（圖6-
10標示為點6與點7）之間，1.272的延伸＝13111

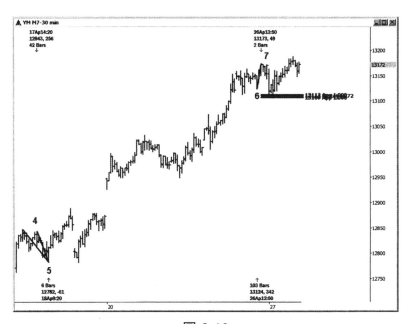

圖 6-10

接下來，讓我們看看道瓊迷你契約的另一個例子。

圖6-11顯示的15分鐘走勢圖呈現空頭走勢，所以我們希望藉由價格群聚，尋找圖6-11最後一波反彈走勢的上檔潛在壓力區（實際高點發生在12622）。

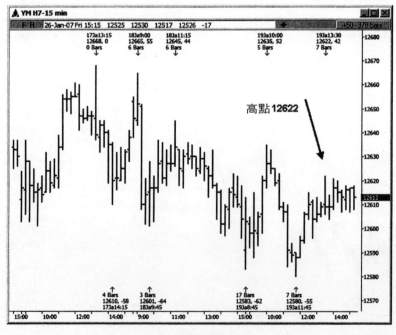

圖 6-11

圖6-12顯示12620～12627代表相當不錯的價格聚集，以下列舉這個價格聚集衡量上所根據的價格擺動（圖6-12標示這些價格擺動的高點與低點供各位參考）。

衡量根據的價格向下擺動介於12668高點到12580低點（圖6-12標示為點1與點8）之間，0.50折返目標＝12624

衡量根據的價格向下擺動介於12665高點到12580低點（圖6-12標示為點3與點8）之間，0.50折返目標＝12623

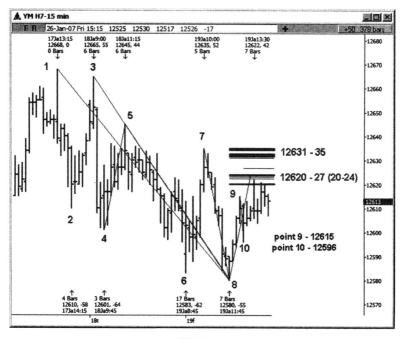

圖 6-12

衡量根據的價格向下擺動介於12645高點到12580低點（圖6-12標示為點5與點8）之間，0.618折返目標＝12620

衡量根據的價格向下擺動介於12635高點到12580低點（圖6-12標示為點7與點8）之間，0.786折返目標＝12623

衡量根據的價格向上擺動介於12601低點到12645高點（圖6-12標示為點4與點5）之間，由12580低點（點8）向上預測1.0的目標＝12624

衡量根據的價格向下擺動介於12615高點到12596低點（圖6-12標示為點9與點10）之間，1.272延伸目標＝12620

衡量根據的價格向下擺動介於12615高點到12596低點（圖6-12標示為點9與點10）之間，1.618延伸目標＝12627

相較於目前這個例子的其他價格擺動，點9到點10之間的走勢幅度較小。對於初學者來說，恐怕不容易察覺這波擺動。可是，對於有經驗的分析者來說，則知道這波擺動（在5分鐘走勢圖上相當明顯）可以用來確認價格聚集的其他衡量。

關於目前這個例子，前文討論的價格聚集之上，另外標示另一個價格聚集12631～12635。一般的價格聚集分析，往往會有一個以上的潛在聚集目標。可是，在本書討論的案例中，我通常都會取消其他價格關係，讓讀者每次只注意單一佈局。

　　圖6-13的15分鐘走勢圖標示的價格聚集，其勝算頗高，因為這是順著當時趨勢方向的佈局。上檔衡量的壓力區在12620～12627，只要反彈走勢沒有顯著穿越這個區域，就應該根據賣出訊號建立空頭部位。

　　後續跌勢如果由高點12622起算，跌幅高達119點。雖然從當時的走勢看起來，或許要花一些時間才能建立部位，不過等待還是很值得的。

圖 6-13

下個例子討論羅素指數2007年3月份迷你契約日線圖，圖6-14標示的價格聚集在774.60～775.20，是由三個重要價格關係構成：

衡量根據的價格向上擺動介於723.10低點到806.50高點（圖6-14標示為點1與點4）之間，0.382折返目標＝774.60

衡量根據的價格向上擺動介於755.50低點到806.50高點（圖6-14標示為點3與點4）之間，0.618折返目標＝775.00

衡量根據的價格向下擺動介於786.80高點到755.50低點（圖6-14標示為點2與點3）之間，由806.50高點（點4）預測的1.0目

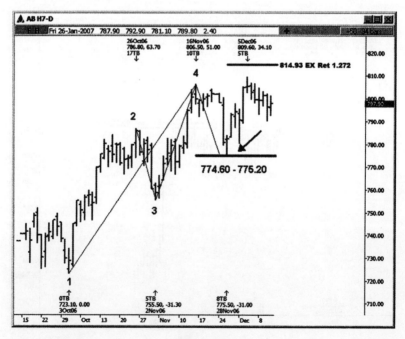

圖 6-14

標＝775.20

　　這波下跌走勢的實際低點位在775.50，距離價格聚集上緣3
檔（可接受程度的誤差）。隨後出現一波34點的漲勢。

　　圖6-15顯示SPX日線圖的價格聚集。此處標示的聚集為
1401.75～1405.07是由至少5個價格關係構成：

　　衡量根據的價格向上擺動介於1360.98低點到1431.81高點
（點2與點5）之間，0.382折返目標＝1404.75

　　衡量根據的價格向上擺動介於1377.83低點到1431.81高點
（點4與點5）之間，0.50折返目標＝1404.82

圖 6-15

衡量根據的價格向上擺動介於1410.28低點到1429.42高點（點6與點7）之間，1.272延伸目標＝1405.07

衡量根據的價格向下擺動介於1407.89高點到1377.83低點（點3與點4）之間，由高點1431.81（點5）向下預測1.0目標＝1401.75

衡量根據的價格向下擺動介於1389.45高點到1360.98低點（點1與點2）之間，由高點1431.81（點5）向下預測1.0目標＝1403.34

相關跌勢的實際低點為1403.97，落在前述價格聚集之內，隨後出現一波36.72點的漲勢。

其次，圖6-16顯示S＆P的2007年3月份迷你契約5分鐘走勢圖。目前這個價格聚集1443.75～1444.25是由3個費波納奇價格關係構成：

點2到點4的0.618折返目標＝1444.25

點3到點4的1.272延伸目標＝1444.00

根據點1到點2之間的價格擺動，由點4向下衡量的1.0預測目標＝1443.75

當時的行情處於上升趨勢。目前這個例子實際低點為1444.00。由此低點展開的漲勢幅度為7.75點，每口契約價值$ 387.50。

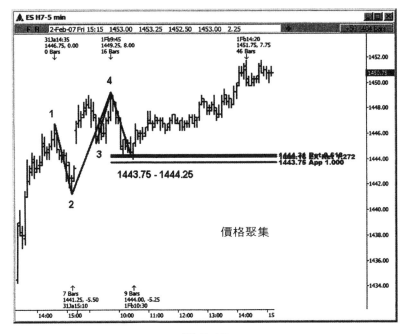

圖 6-16

　　圖6-17是通用汽車股價走勢圖，此處標示的聚集30.00～30.07是由3個價格關係構成：

　　點1到點5的0.382折返目標＝30.07

　　點4到點5的0.786折返目標＝30.00

　　根據點2到點3之間的價格擺動，由點5向下衡量的1.0預測目標＝30.06

　　這是勝算很高的佈局之一，因爲該價格聚集是順著日線圖的價格趨勢方向。實際回檔走勢的低點落在30.10，稍高於價格聚集區。隨後，出現一波漲勢，幅度爲$ 3.90。

圖 6-17

　　圖6-18是原油2007年2月份迷你契約的60分鐘走勢圖。行情當時處於下降趨勢，所以我們尋找上檔壓力的價格聚集。此處標示的61.48～61.58聚集是由幾個價格關係構成：

　　衡量根據的價格向下擺動介於64.13高點到59.85低點（點2與點4）之間，0.382折返目標＝61.48

　　衡量根據的價格向下擺動介於61.15高點到59.85低點（點3與點4）之間，1.272延伸目標＝61.50

　　根據62.40低點到64.13高點（點1到點2）之間的價格擺動，由低點59.85（點4）向上衡量的1.0預測目標＝61.58

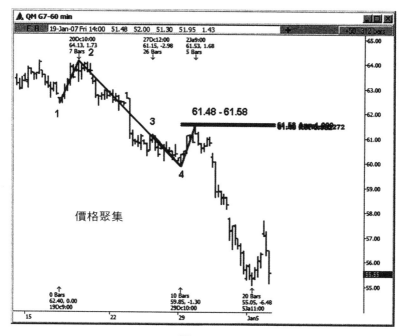

圖 6-18

　　這波反彈走勢的實際高點為61.53。隨後在短短幾天之內，出現一波$ 6.48幅度的跌勢。

　　截至目前為止，我對於自己使用的HP電腦相當滿意，所以決定看看HP的股價日線圖。

　　就圖6-19來看，相關的價格衡量只需要利用4個點。此處衡量的價格聚集為32.66～32.83。在多數例子之中，我都會儘量讓圖形看起來很簡潔、清楚，避免價格關係彼此重疊，因為這會讓走勢圖看起來很混亂，不容易看得懂。

　　可是，此處想要尋找的價格聚集，原本就是很多衡量彼此重疊的區域。換言之，我們希望很多價格關係重疊在一起。可是，我們往往很難向書籍的編輯解釋這點。

　　此處價格聚集是由下列價格關係構成：

　　2006-06-21高點到2006-07-18低點（由點1到點4）的0.618折返目標＝32.66

　　2006-07-06高點到2006-07-18低點（由點3到點4）的0.786折返目標＝32.79

　　根據2006-06-28低點到2006-07-06高點之價格擺動（點2到點3之間），由2006-07-18低點（點4）向上衡量的1.0預測目標＝32.83

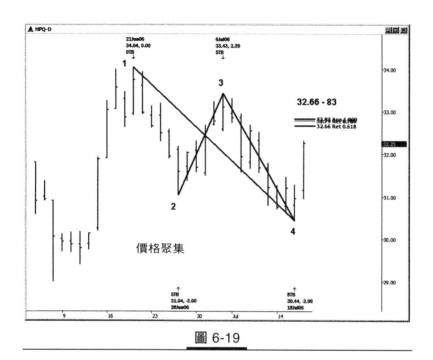

圖 6-19

此處考慮的反彈走勢確實挺進到價格聚集區內，實際高點為32.76（請參考圖6-20）。

接著，價格出現一波相當快速的跌勢，幅度為$ 2.78。如果各位仔細觀察圖6-20，還可以發現另一個很好的對稱預測。2006-06-21高點到2006-06-28低點的走勢幅度為$ 3.00，2006-07-06高點到2006-07-18低點的走勢幅度則為$ 2.99。在這個對稱預測之後，出現一波幅度為$ 2.32的漲勢。

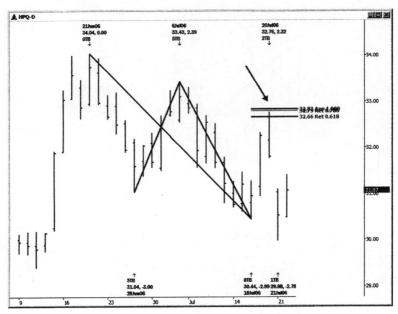

圖 6-20

作者提醒

當有人告訴我，金融市場走勢是隨機的，我通常都只會微笑以對，因為我不想跟一些懶得實際做研究的人爭論。過去20多年來，除了我的老師之外，我也讓市場教導我。截至目前為止，市場從來沒有欺騙我，而且教導我很多知識。目前，我仍然是態度謙卑的學生，繼續學習著。

關於HP走勢圖，還有一段後續發展值得強調（請參考圖6-21）。

對於圖6-19與圖6-20設定的價格聚集32.66～32.83，雖然出現一波明確的跌勢，但不要因此而認定下降趨勢將持續發展。即使掌握理想的交易佈局，仍然要用運用追蹤性停止策略保護既有的獲利，不要理所當然地認為該佈局會繼續朝有利方向發展，或認定1.272延伸目標一定會實現（目前這個例子是29.81）。市場給你的，也能夠由你手中奪走；換言之，要保持彈性。

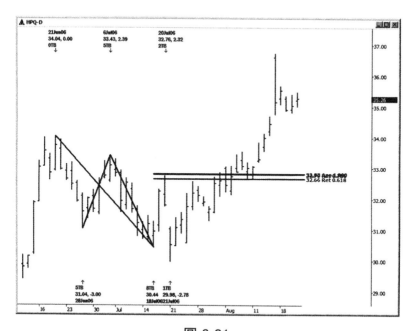

圖 6-21

前述的1.272延伸目標29.81並沒有實現，實際跌勢的低點位在29.98。這個時候，趨勢發生重大轉折，出現一波顯著的漲勢，但只要我們採用追蹤性停止策略，還是能夠安然脫身，而且還有不錯的獲利。可是，如果交易者認定1272延伸目標必定會達成，很可能就會吐出先前辛苦累積的獲利。

圖6-22顯示的例子，是道瓊指數2007年3月份迷你契約的15分鐘走勢圖，其中顯示的價格聚集（12648～12655）至少由5個費波納奇價格關係構成。

點3到點7之價格擺動的0.236折返＝12654

點6到點7之價格擺動的0.382折返＝12648

根據點1到點2之價格擺動，由點7向下衡量的1.0預測目標＝12655

根據點4到點5之價格擺動，由點7向下衡量的1.0預測目標＝12653

12667低點到12698高點之價格擺動的1.618延伸＝12648

最後一個衡量另外標示在圖6-23，因為圖6-22不容易清楚顯示。雖然這項衡量根據的價格擺動屬於很小型的趨勢，但該衡量仍然可以用來確認其他價格關係。

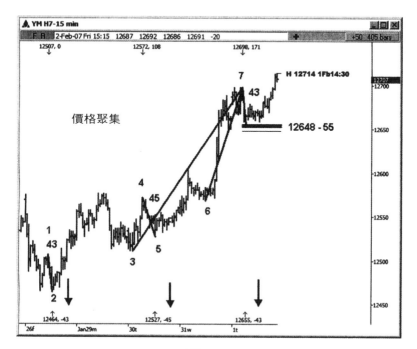

圖 6-22

　　請注意，圖6-22呈現3個類似大小的向下修正走勢（幅度分別為43、45與43點）。對稱預測如果與其他價格關係重疊，往往可以強化價格聚集的功能。

　　由點拉回的走勢，其實際低點位在12655，接著出現一波59點的漲勢。每口道瓊迷你契約的1點價值為$ 5.00。

　　圖6-23是圖6-22的局部放大圖，特別強調12648價格延伸。
（圖6-22不容易看清楚，因為有好幾個價格關係重疊在一起。）

　　圖6-24是Google日線圖。

　　當時的價格擺動高點與低點持續下滑，處於下降趨勢，所以
我們想要尋找上檔的壓力佈局。價格群聚483.74～486.53是由4
個價格關係構成。

　　513.00高點到455.02低點之價格擺動（點1到點5）的0.50折
返＝484.01

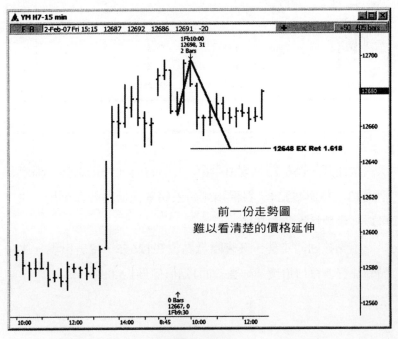

圖 6-23

506.01高點到455.02低點之價格擺動（點3到點5）的0.618折返＝486.53

474.35高點到455.02低點之價格擺動（點4到點5）的1.618延伸＝486.30

根據477.29低點到506.01高點之價格擺動（點2到點3），由455.02低點（點5）向上衡量1.0預測目標＝483.74

前述1.618延伸可能不容易察覺、也不容易瞭解。這個擺動在60分鐘走勢圖上很明顯。各位只要經過重複訓練，最終究可以輕鬆看出每個可能的價格擺動，然後根據這些價格區域擬定重要決策。

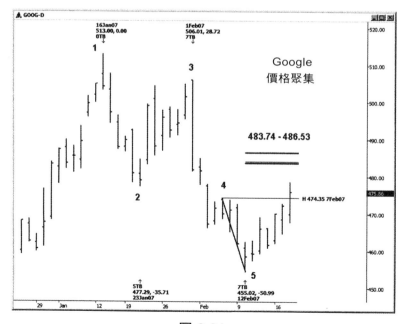

圖 6-24

　　圖6-25顯示前述價格群聚發揮的功能。反彈走勢的實際高點484.24進入價格群聚，隨後出現一波幅度高達＄45.56的暴跌走勢。對於前述價格群聚的壓力區，反彈走勢一旦不能克服，交易者就應該尋找空頭部位的適當進場點。

　　美光（Micron Technologies）日線圖提供一個有關價格聚集的好範例，請參考圖6-26，該支撐水準在2005-10-12首到受到測試。這個價格聚集12.34～12.43是由下列價格關係構成：

　　2005-07-01低點（點1）到2005-10-03高點（點5）之價格擺動的0.382折返目標＝12.36

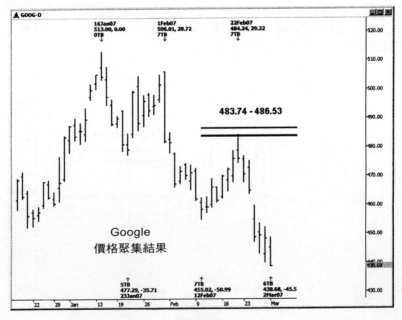

圖 6-25

2005-08-18低點（點3）到2005-10-03高點（點5）之價格擺動的0.50折返目標＝12.37

2005-09-29低點（點4）到2005-10-03高點（點5）之價格擺動的0.618折返目標＝12.43

根據2005-08-02高點（點2）到2005-0818低點（點3）之價格擺動，由2005-10-03高點（點5）向下衡量1.0預測目標＝12.34

回檔走勢的實際低點為12.37，確實落在12.34～12.43群聚內，隨後出現一波相當顯著的漲勢，高價為14.82。

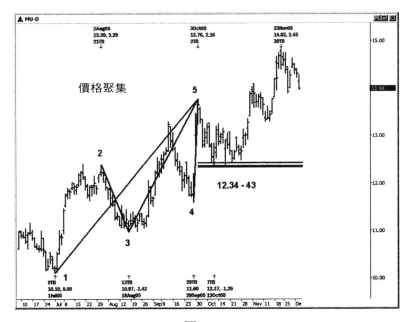

圖 6-26

作者提醒

請注意，後面這幾個例子的走勢圖，並沒有標示價格擺動的高點與低點。我想讀者現在已經大致瞭解我們的衡量，能夠根據走勢圖上的日期觀察價格關係。

　　圖6-27顯示漢威（Honeywell）股價日線圖上的價格聚集，4個價格關係如下：

　　2006-09-11低點到2006-12-05高點之價格擺動的0.382折返目標＝41.56

　　2006-10-19低點到2006-12-058高點之價格擺動的0.786折返目標＝41.42

　　2006-11-28低點到2006-12-05高點之價格擺動的1.272延伸目標＝41.38

　　根據2006-10-18高點到2006-10-19低點之價格擺動，由2006-12-05高點向下衡量1.0預測目標＝41.45

　　另外，請注意-27標示的兩波向下修正，兩者的幅度很接近，分別為＄2.38與＄2.34。本案例觀察的向下修正實際低點為41.49（落在衡量區間內），隨後出現一波幅度＄4.50的漲勢。

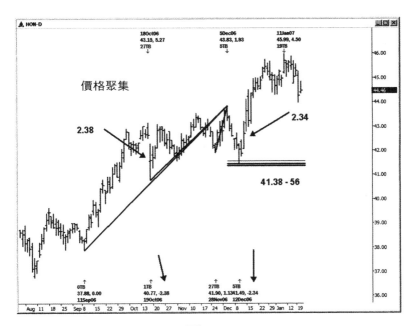

圖 6-27

接著，我們觀察默克製藥（Merck）日線圖（圖6-28）。價格走勢大致呈現下降趨勢，價格擺動的高點與低點持續下滑，適合尋找空頭部位的佈局。

圖6-28標示的價格聚集至少由3個價格關係構成。

2005-07-18高點到2005-08-22低點之價格擺動的0.618折返目標＝29.76

2005-08-10高點到2005-08-22低點之價格擺動的0.50折返目標＝29.67

　　根據2005-07-07低點到2005-07-18高點之價格擺動，由2005-08-22低點向上衡量1.0預測目標＝29.44

　　請注意，前一波反彈到2005-07-18高點的修正走勢，以及反彈到2005-09-08高點的修正走勢，兩者的幅度分別為2.44與2.46，明顯對稱。圖6-28觀察之反彈走勢在2005-09-08所創實際高點為29.46，確實進入預先衡量的價格壓力目標區。隨後發生幅度$ 3.96的跌勢，大體符合第二個延伸的衡量目標1.618（換言之，1.618延伸目標的跌幅為$ 2.46×1.618＝$ 3.98，實際跌幅為$ 3.96，兩者僅相差$ 0.02）。

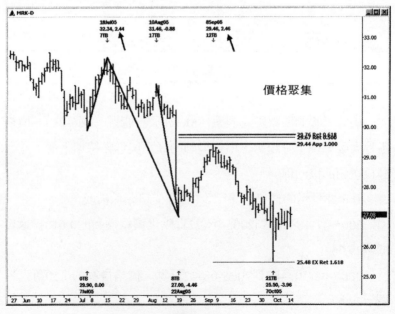

圖 6-28

　　圖6-29的例子顯示通用汽車3個價格關係構成的支撐聚集
（30.00～30.08）。本書稍早也曾經引用這份走勢圖說明0.236折
返。雖然有些交易者可以接受單一價格關係的衡量，但我相信經
由幾個價格關係的彼此確認，交易者會覺得更安心一些。前述支
撐區間的價格關係如下：

　　2006-04-05低點到2006-09-13高點之價格擺動的0.236折返目
標＝30.08

　　2006-08-29低點到2006-09-13高點之價格擺動的0.786折返目
標＝30.00

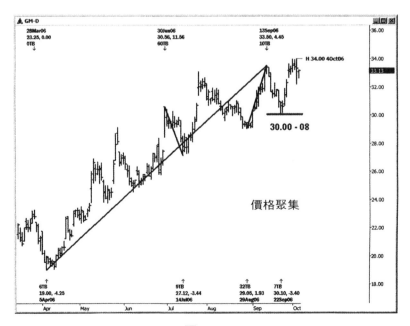

圖 6-29

　　根據2006-06-30高點到2006-07-14低點之價格擺動，由2006-09-13高點向下衡量1.0的預測目標＝30.06

　　拉回走勢的實際低點為30.10，距離預先衡量目標區上限只有2檔差距，隨後出現之漲勢幅度為$ 3.90。

　　圖6-30的例子告訴我們，價格群聚並非萬無一失的。這是羅素指數的日線圖，圖形標示兩個重要支撐區：755.40～757.57與753.06～753.32。這兩個群聚根據的價格關係，分別標示於走勢圖內，包括3個向下擺動的對稱預測，以及3個向上擺動的折返。可是，這兩個價格群聚絲毫沒有發揮明顯的支撐作用。

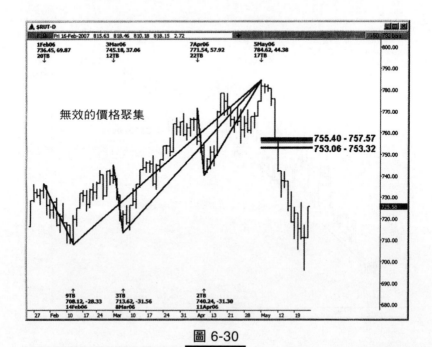

圖 6-30

事實上，我們隨時隨地都可以看到這些被「順利」貫穿的無效價格群聚；我們不該期待每個價格群聚都能發揮作用。我們只是想根據那些有效的價格群聚，運用它們做為進場的佈局（本書稍後會討論如何進場訊號）。

結　語

本章說明如何觀察費波納奇價格群聚。就風險而論，這類佈局的勝算頗高；我們另外也討論這些佈局如果實際引發進場訊號，應該如何衡量最低獲利目標。我們雖然經常可以看到無效的價格聚集，但那些確實有效而實際引發進場訊號者，風險相當低，勝算相當高，由風險-報酬關係上來說，是非常值得考慮的機會。

第 7 章

對稱：交易佈局＃2

　　本章準備更深入解釋「對稱」的概念，說明如何據此建構佈局。重複強調一次，我所謂的「對稱」，是指幅度相等或類似的相同方向價格擺動。這是一種簡單而神奇的工具，各位千萬要確實掌握。這當然不是我發明的概念；很多市場專家早就知道如何使用這項工具，往往又叫做「衡量走勢」（measured move）。

> **作者提醒**
>
> 前一章討論價格群聚的某些例子，已經使用對稱的概念。價格群聚如果包含對稱結構，提供的支撐／壓力往往更可靠。

　　關於對稱的辨識，我採用價格預測工具，參數設定為1.0。（某些軟體稱這種工具為「延伸」）。對於預測來說，我們是比較相同方向的價格擺動，運用3個價格點做預測。我最經常使用「對稱」預測可能的支撐／壓力，順著當時的趨勢方向建立部位。這也就是佈局＃2。為了建立這種佈局，我根據先前的修正擺動（corrective swings）做100％的預測，順著趨勢發展方向尋找進場區域。我所謂的「修正擺動」，是指較大型上升趨勢內的反向短期跌勢，或是較大型下降趨勢內的逆勢短期反彈。

　　就進場建立部位的計畫來說，我只根據較大型趨勢內的修正擺動做預測。至於趨勢，則是分析之走勢圖的基本型態。如果所觀察的基本型態，其價格擺動的高點與低點都持續墊高，則打算由多頭買方建立對稱交易。反之，如果所觀察的基本型態，其價格擺動的高點與低點都持續下滑，則打算由空頭賣方建立對稱交易。單一水準就已經足以視為有效佈局，雖然我們經常發現多個對稱預測落在相同水準。

　　我們也可以針對順勢價格擺動做預測，用以衡量順勢擺動可能終止的價位。關於這類對稱預測，我只用來協助既有部位的風險管理，也就是在相關預測價位調緊既有部位的停止點。就我個人來說，不會利用這類對稱預測建立部位，否則等於是逆著主要趨勢建立部位。

作者提醒

某些交易者仍然會利用這類對稱預測建立逆趨勢部位；可是，這種部位不適合初學者或手腳反應較慢的人。我個人寧願專心考慮修正走勢，順著主要趨勢方向建立部位。如此可以讓我們掌握較高的勝算。

　　部位目標與停止點的設定基本上是相同的，因為對稱佈局與價格群聚佈局很類似。我們根據對稱預測的價格擺動，衡量其幅度的1.272做為相關部位的最低目標區，至於該部位所承受的最大風險，則設定在對稱預測的幾檔之外。

對稱案例

我們的第一個對稱案例是藉由2007年3月份羅素迷你契約來說明，請參考圖7-1，其中標示幅度約略相同的價格擺動。在783.10到790.20的大型價格擺動之中，出現幾個類似大小的價格向下擺動，其幅度分別為1.50、1.90、1.60與1.70。這些擺動的大小約略相當而且方向相同，符合對稱的定義。另外這些向下擺動是發生在較大型的上升趨勢內，屬於修正擺動。這份走勢圖呈現幾個可能的交易佈局：由價格高點衡量先前修正跌勢之幅度而做的預測。

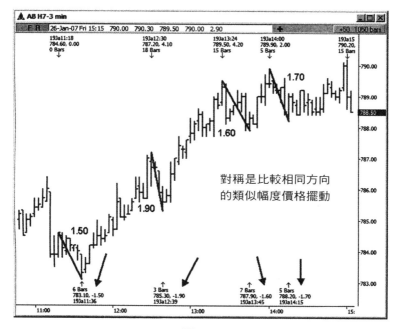

圖 7-1

　　圖7-2顯示美元／加拿大元外匯日線圖的對稱案例，圖形標示類似幅度的擺動。211小點與206小點的走勢幅度相當；160小點與158小點的走勢幅度也相當。所以，這份走勢圖顯示兩個不同的對稱案例。此處考慮的擺動屬於日線圖上升趨勢的修正走勢。舉例來說，根據2006-12-18高點到2006-12-20低點的160小點走勢，由2007-01-11高點向下衡量1.0的預測目標為1.1644，這代表可能的支撐區與買進佈局。該波回檔走勢的實際低點為1.1646，隨後出現一波相當不錯的漲勢。

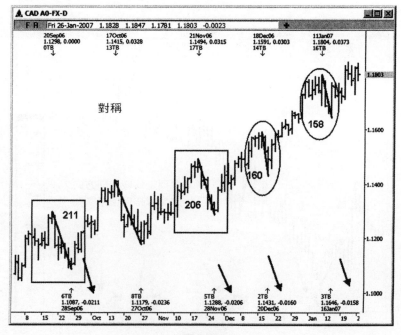

圖 7-2

　　圖7-3是2007年3月份債券契約的60分鐘走勢圖。此處標示的第一個價格擺動幅度為26/32大點。由110 08/32擺動低點向上衡量26/32的1.0預測目標，結果是1114 02/32的交易佈局。

　　對於這個例子，相關反彈走勢的實際高點也正好是預測目標。請記住，對稱是幅度相同或類似的相同方向價格擺動。由這個高點起算，隨後出現2大點的跌勢。

圖 7-3

那司達克指數在2006-07-18出現重要低點。隨後，我們看到幾個類似幅度的對稱，請參考圖7-4。

此處標示的修正跌勢幅度有48.08、53.56、42.15、46.85、42.96與52.60。

請注意這些價格擺動的類似程度，至少有幾個具備對稱交易佈局的潛力。

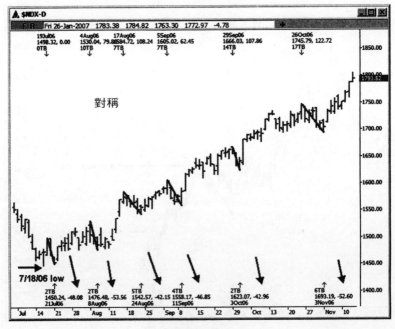

圖 7-4

　　讓我們繼續考慮那司達克走勢圖的對稱例子，請觀察圖7-5
標示的兩個區域。雖然還有其他價格關係與對稱預測重疊，但此
處只考慮對稱部分。

　　根據2006-08-04高點到2006-08-08低點的跌勢，由2006-10-
26高點向下衡量這波跌勢的100％做爲預測目標，1692.23代表可
能的支撐區與進場佈局。這波跌勢的實際低點1693.19稍高於預
測目標，隨後的漲勢由此低點飆升到1824.21，也就是131.02點
的漲幅。

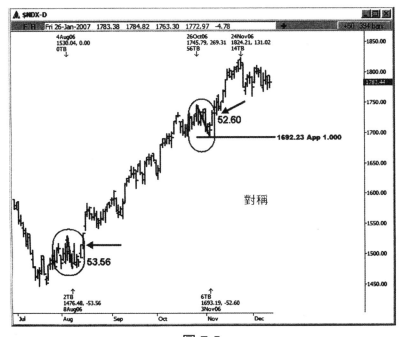

圖 7-5

我們經常應該由較高時間架構的走勢圖做對稱預測。

圖7-6是歐元外匯週線圖。

我們藉由對稱預測找到主要價格擺動的低點。

這份圖形標示的第一個價格向下擺動,其幅度為1167小點,由2004-02-20高點向下衡量對稱預測目標為1.1761,實際低點為1.1760,差距只有1小點。隨後出現高達1907小點的漲勢。

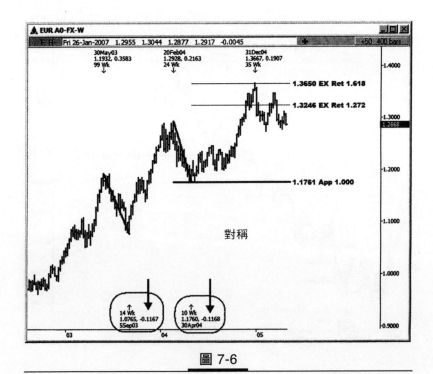

圖 7-6

圖7-7是道瓊工業指數現貨日線圖。

由2005-03-11到2005-04-22之間，道瓊指數下跌984點。後來，道瓊指數由2006-05-12到2006-07-21之間下跌986.87點，這波跌勢可以藉由先前的984點跌勢做預測而找到可能的下檔支撐，隨後出現一波相當可觀的漲勢。

圖 7-7

　　圖7-8是S＆P現貨日線圖，這個例子是由主要趨勢發展方向
（上升）做對稱預測，尋找可能的上檔壓力區。如果我們想在預
測目標區建立空頭部位，等於是打算逆著主要趨勢發展方向建立
反向部位。

　　2006-03-08低點到2006-0407高點之間的價格向上擺動幅度
為45.65點，由200604-17低點向上衡量100％的預測目標為
1326.39，實際高點則是1326.70。

　　這兩波價格向上擺動幅度很類似，顯示當時上漲走勢終止的
可能位置；當時如果持有多頭部位，應該在此調緊停止點。另
外，藉由對稱衡量建立逆勢部位，其勝算雖然低於順勢部位，但
這方面的資訊還是有參考價值的。

　　建立逆勢部位之前，應該先觀察更短期架構的走勢圖，避免
誤踏陷阱。

　　如果我當時觀察這份日線圖，則可能參考15分鐘走勢圖，看
看有沒有趨勢反轉的訊號。所以，根據我的交易計畫，我不會單
憑日線圖建立逆勢部位。

　　可是，如果15分鐘走勢圖顯示反轉訊號（由上升趨勢反轉為
下降趨勢），那就可能建立空頭部位，這並不違背我的交易計畫。

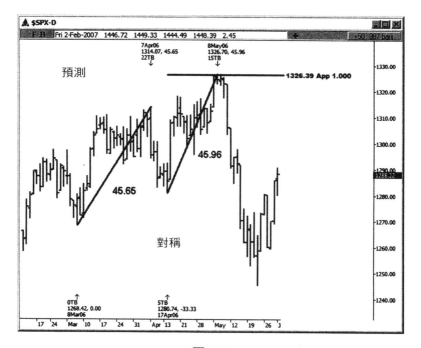

圖 7-8

　　圖7-9是2007年3月份羅素契約走勢圖。此處標示的第一波價格
向上擺動是由2006-11-28低點到2006-12-05高點，幅度爲34.10。由
2007-01-09低點向上衡量相同距離，做爲可能壓力目標區。這個對稱
預測目標爲807.30。實際漲勢的高點爲807.10，漲幅爲33.90點。

　　前述預測高點代表交易機會，但不符合我個人的交易計畫。
不過，如果我當時持有多頭部位的話，可能在前述壓力目標區調緊
停止點。我的交易計畫不允許我根據這個預測建立逆向部位。可
是，如果15分鐘走勢圖顯示趨勢轉空的訊號，我很可能會準備在

圖 7-9

作者提醒

請記住，運用對稱預測建立逆勢部位，其勝算低於利用相同對稱
預測建立順勢部位。

2007 -01-16高點附近進場建立空頭部位。

　　圖7-10是瑞士法郎走勢圖，請留意其中標示的類似幅度價格
擺動，三者的幅度分別爲334、324與323小點，符合標準的對稱
定義。

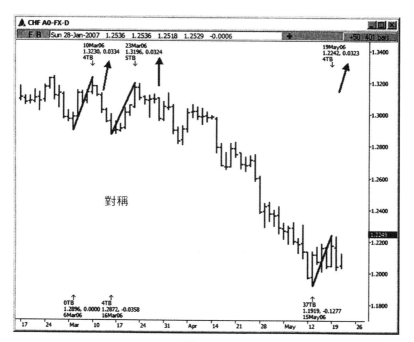

圖 7-10

　　圖7-11是2007年3月份小麥日線圖，其中有一些漂亮的對稱
案例。

　　誰說市場沒有韻律或理性呢？這份圖形標示的價格向上擺
動，幅度分別為43½、39½、43、43與39美分。

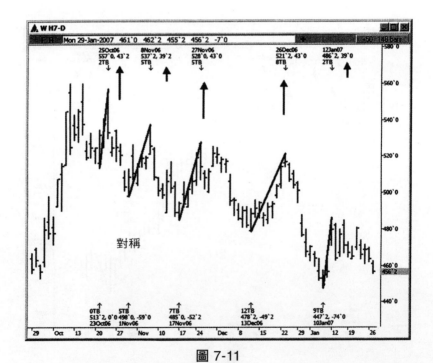

圖 7-11

　　讓我們再看看另一份小麥走勢圖（圖7-12）。兩個先前發生的價格擺動，協助我們建構一個漂亮的價格聚集，其中包括518～522區域的對稱。隨後在幾個星期內出現74美分的跌勢，這對於農產品交易者來說，是相當不錯的收穫。產生這個價格聚集的兩個價格關係，是先前漲勢的100％預測，一個為43½美分，另一個是43美分。這兩個預測與另一些費波納奇價格關係重疊，產生相當明確的價格聚集。事實上，對稱預測本身就可以是為交易佈局，其他價格關係則強化這個佈局的效力。

圖 7-12

圖7-13顯示2007年3月份NY原油迷你契約45分鐘走勢圖上的簡單對稱佈局。

這個例子中，第一與第二個價格擺動幅度完全一致；這是一個有效佈局。在低點52.08出現之後，隨後展開一波$ 3.00以上的漲勢。

圖 7-13

無效的對稱

對稱往往代表很好的交易佈局。當對稱佈局發揮作用的時候，可以提供短線交易資訊；反之，當對稱遭到突破或貫穿時，也可以提供一些資訊。

我所謂的突破或貫穿，是指行情穿越道對稱區域的幾檔之外，下文提供一些這方面的案例。

如同圖7-14顯示的通用汽車日線圖，當對稱預測遭到貫穿時，往往意味著該貫穿走勢相當嚴重，甚至發生顯著的趨勢變化。

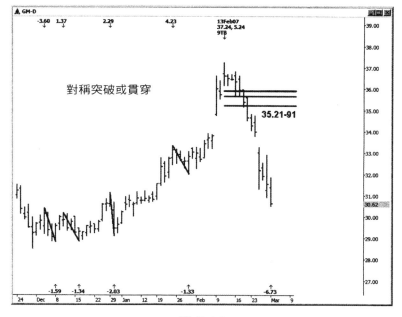

圖 7-14

作者提醒

當趨勢發生變動時,通常會先發生對稱的突破或貫穿。這是我們
需要特別留意的。事實上,某些交易者會利用低一級時間架構的
對稱貫穿,做為高一級時間架構佈局的進場訊號。

　　請觀察圖7-14,當35.21～35.91對稱預測被貫穿之後,隨後
出現一波相當嚴重的跌勢。當然,對稱遭到跌破,未必一定會發
生趨勢反轉,但還是應該考慮這種可能性。

　　關於圖7-14,其中標示著11月底以來的所有價格修正擺動,
所以當我說對稱預測遭到跌破,這是指先前所有價格向下擺動的
對稱預測目標都被貫穿了,這些擺動包括:1.59、1.34、2.03與
1.33。

　　換言之,當行情由2007-02-13高點下跌,跌幅顯著超過2.03
時,對稱預測就正式失效了。

　　在圖7-15的瑞士法郎外匯日線圖中，根據先前價格向上擺動衡量的對稱預測目標一旦遭到貫穿，向上修正的幅度加劇。

圖 7-15

　　請參考圖7-16，我們發現圖7-15標示的預測目標遭到突破之後，趨勢實際上已經發生變化，價格擺動的高點與低點趨於上升，展開一波相當明確的漲勢。

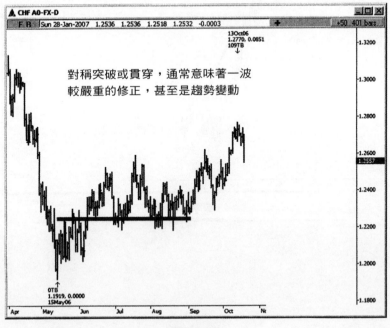

圖 7-16

　　讓我們觀察圖7-17的2007年3月份道瓊契約15分鐘走勢圖，其中標示的對稱預測並沒有發揮功能。請留意圖形左側標示的修正跌勢，幅度分別為：31、25、44、28與32點。當行情發展到這份走勢圖標示的最高峰位時，根據先前價格修正擺動而由此高點向下衡量對稱預測，某些預測聚集得相當緊密，其中一個預測水準顯著偏低。當行情由此高點向下拉回而陸續穿越每個預測價格聚集，至少意味著該波修正走勢相當嚴重，趨勢甚至可能向下反轉。（對於交易者來說，知道這點顯然有助於管理部位。）事實上，當多頭對稱預測遭到跌破之後，發生相當急遽的趨勢反轉。

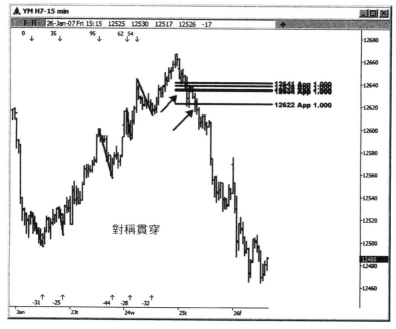

圖 7-17

　　圖7-18是S&P迷你契約的15分鐘走勢圖。

　　根據這個例子的標示，上升趨勢由高點回檔，當時向下衡量的對稱預測修正幅度為4點，實際下跌幅度為6.5點，跌勢雖然貫穿對稱預測，但稍後仍然恢復原先的上升趨勢。所以，貫穿對稱預測未必代表趨勢反轉。

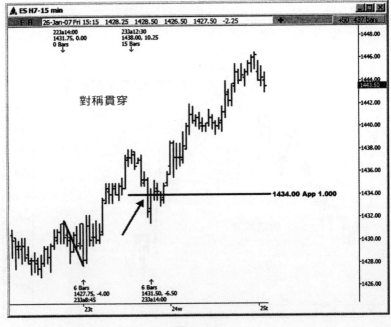

圖 7-18

　　圖7-19是哈利大衛森（Harley Davidson）股價日線圖，只憑肉眼觀察就可以判斷行情創2006-11-22高點之後，拉回走勢向下突破對稱預測。

　　這份圖形根據2006-06-07低點到2006-11-12高點之間的3波修正走勢，由2006-11-12高點向下衡量對稱預測。前述3波修正走勢包括價格創2006-06-07低點的跌勢，這也是整個上升波段發生之前的最後一波跌勢；我發現，這類走勢的對稱預測相當具有參考價值。

　　請注意，這3波修正走勢的幅度分別為3.36、3.55與3.57點，程度頗為類似。請注意，當行情由2006-11-12高點拉回的幅度超過3.57點（也就是先前最大的修正走勢幅度），意味著對稱預測已經被貫穿。

　　稍後，股價雖然向上彈升，但最終還是出現相當嚴重的跌勢。當對稱預測遭到貫穿，隨後如果出現折返走勢，需要謹慎觀察，順著對稱貫穿方向尋找適當的進場點。

費波納奇法則

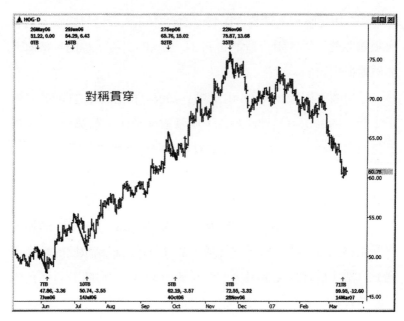

圖 7-19

作者提醒

此處討論的對稱預測，通常都是根據既有趨勢的修正，但圖7-19
則包含既有趨勢發生之前的最後一波價格擺動。這個價格擺動是
介於2006-05-26高點到2006-06-07低點之間。相關預測仍然是比
較相同方向的價格擺動，但這波跌勢並不屬於後續上升趨勢（介
於2006-06-07低點到2006-11-22之間）的修正走勢，因為該跌勢
是發生在既有上升趨勢之前。

　　圖7-20是那司達克期貨日線圖，其中標示既有趨勢的兩個修正走勢，修正幅度分別為50.50點與46.75點。根據這兩個修正，由2007-02-22高點向下衡量對稱測，潛在支撐介於1807.00～1810.75。

　　結果，實際發生的走勢直接貫穿這個支撐區，而且跌勢很猛烈。可是，我們仍然要強調一點，每當對稱預測被貫穿時，未必會發生這類急遽的走勢。

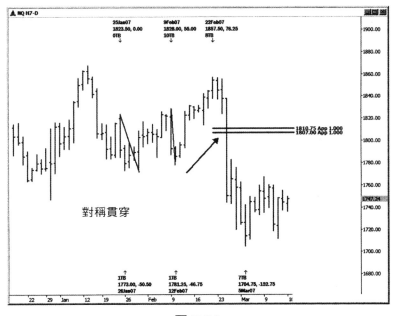

圖 7-20

　　圖7-21的債券契約日線圖顯示另一個對稱預測突破的案例。由2006-12-01高點以來，行情維持下降趨勢；現在，向上折返走勢突破對稱預測，雖然突破的程度不大，但已經夠明確了，意味著既有下降趨勢可能告一段落。

　　向上突破之後，謹慎觀察後續的拉回走勢，試著尋找建立多頭部位的機會。

圖 7-21

　　圖7-22顯示圖7-21的後續發展，並說明在對稱預測突破之後，如何在後續拉回過程尋找買點。

　　就目前例子來說，突破之後的拉回，價格低點與0.618折返目標之間只差幾檔。接著，行情就朝突破方向，展開一波相當顯著的走勢。

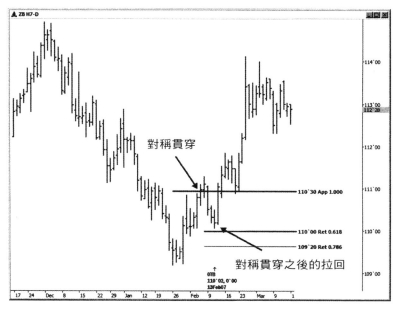

圖 7-22

結　語

　　本章說明如何藉由對稱（100％）預測做為簡單的交易佈局。另外，我們也強調對稱預測被貫穿的可能。就如同價格聚集一樣，對稱也是風險相對偏低、風險-報酬比率合理的交易佈局。

第 8 章

兩階段型態佈局：交易佈局＃3

不論是日常生活或金融行情，型態經常會重複發生。關於所有的金融市場，此處想要討論一種特書的型態：兩階段型態（two-step pattern）。

我最初接觸到這種型態，是在學習艾略特波浪理論的過程；由艾略特波浪理論的角度來看，兩階段型態屬於修正或逆趨勢的走勢。

有些兩階段型態也叫做「迦特雷型態」（Gartley pattern），取決於走勢的比率關係。迦特雷型態有比較嚴格的比率關係；換言之，迦特雷型態必定屬於兩階段型態，但兩階段型態未必是迦特雷型態。（關於迦特雷型態的詳細資料，請參考Larry Pesavento的《型態辨識與費波納奇比率》，Fibonacci Ratios with Pattern Recognition。）

兩階段型態呈現Z字狀曲折走勢，屬於逆著原趨勢（既有趨勢）方向的修正走勢。當這類型態發展告一段落，行情將恢復原來的趨勢。

關於這種型態的發展過程，我們想要研究其中的重疊聚集價格關係，藉以正確辨識型態。本章準備介紹相關的價格關係。

　　兩階段型態可能是多頭部局（請參考圖8-1），也可能是空頭佈局（請參考圖8-2）。所以，此處考慮的佈局＃3，基本上是一種價格聚集，但具備額外的Z字型態強化相關佈局。

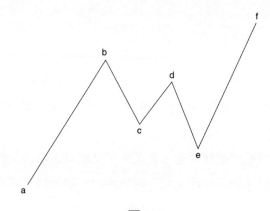

圖 8-1

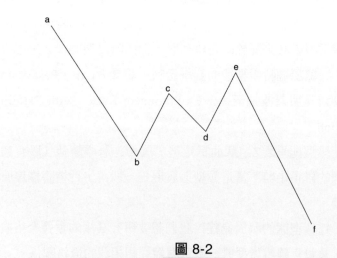

圖 8-2

關於我們想要辨識的Z字狀型態（介於b點與e點之間），所考慮的費波納奇比率爲：

a點到b點之走勢幅度的折返比率：0.382、0.50、0.618與0.786

c點到d點之走勢幅度的延伸比率：1.272與1.618

根據b點到c點之走勢幅度，由d點衡量1.0的預測

前述比率同時適用於多頭與空頭的兩階段型態（圖8-1與圖8-2）。衡量這些比率所得到的三個費波納奇價格關係，通常彼此重疊而產生聚集。任何這三種價格關係都可能彼此重疊，但最理想的重疊狀態是：a點到b點之幅度的0.618或0.786折返，c點到d點之幅度的1.272或1.618延伸，以及b點到c點之幅度的100％預測（換言之，bc＝de）。如果兩階段型態符合這些條件，也就是迦特雷型態。請注意，某些兩階段型態，其de距離可能是bc距離的1.618倍，但這種情況發生的頻率很低，所以上文的定義中沒有包括這種情形。

除了前述價格關係之外，兩階段型態也可能包含其他價格擺動的費波納奇價格關係。若是如此，則會強化兩階段型態。

這種型態爲何有用？

關於兩階段型態爲何通常有效的問題，不妨考慮價格擺動的一般理論。基本技術分析告訴我們，上升趨勢的拉回整理走勢如果跌破先前的低點，代表既有上升趨勢轉弱，或甚至可能反轉爲

下降趨勢。同理，下降趨勢的反彈整理如果突破先前的高點，代表既有下降趨勢轉弱，或甚至可能反轉為上升趨勢。當我們研究兩階段型態時，請記住這些基本原理。

在Z字狀型態內，當c點被穿越的時候，可能代表行情跌破先前低點（圖8-1），或突破先前高點（圖8-2）。如同前一段所說明的，這可能意味著趨勢發生變動。舉例來說，如果c點代表先前的低點（參考圖8-1），則行情（d點到e點的發展）一旦跌破c點，交易者可能會結束多頭部位，甚至考慮建立新的空頭部位。很多情況下，行情可能繼續下跌，因為走勢一旦跌破先前低點，往往意味著行情轉空。

可是，當我們考慮兩階段型態，如果行情演變能夠守住相關的價格關係（費波納奇比率），則需要考慮兩階段型態可能成立，也就是說行情可能恢復原有趨勢而不會反轉。

所以，當我們發現既有趨勢呈現Z字狀的修正，就要考慮兩種可能性：趨勢反轉？或兩階段型態？剛開始的時候，我們不知道問題的答案。重點是，我們需要知道兩階段型態如果要成立的話，必須守住哪些價位。兩階段型態是否出現，最關鍵線索來自於我們使用的交易濾網（參考後文討論）。

請記住，對於圖8-1的情況，當行情由d點下跌而貫穿先前低點（c點），交易者可能結束多頭部位，或建立新的空頭部位。如果兩階段價格支撐參數最終能夠守住，意味著多頭重新取得市場主導權，已經結束的多頭部位可能需要重新建立，已經建立的空頭部位也要回補（很可能是認賠）。這可能導致行情進一步上

揚，使得正確辨識兩階段型態的人能夠獲得報償。

　　兩階段型態佈局的最大停損點，也就如同價格聚集佈局一樣，位在重要價格水準之外的幾檔處。至於兩階段型態的初步目標，衡量上則稍有不同。初步目標是整個Z字狀走勢幅度（由b點到e點之間）的1.272延伸。

　　如果各位對於兩階段型態的概念覺得有些模糊，下面幾個案例可以釐清。首先考慮空頭的兩階段型態。

　　請參考圖8-3，這是S＆P迷你契約3分鐘走勢圖。

圖 8-3

　　這個兩階段型態聚集包含：a點到b點之幅度的0.618折返，c點到d點之幅度的1.272延伸，根據b點到c點之幅度而由d點向上衡量的1.0預測目標：

　　1457.00高點到1451.50低點走勢（a~b）的0.618折返目標＝1454.90

　　1454.25高點到1452.50低點走勢（c~d）的1.272延伸目標＝1454.73

　　根據1451.50低點到1454.25高點走勢（b~c），由1452.52低點（d）向上衡量1.0的預測目標＝1455.25

　　經過適當的四捨五入之後，相關衡量得到的價格聚集為1454.75～1455.25。實際高點則是1454.75，也就是價格聚集目標的低限。

　　至於所建立之空頭部位的下檔初步目標，則是b點到e點走勢的1.272延伸1450.75。初步目標達成之後，第二個（1.618）與第三個（2.618）目標也陸續達成。

　　圖8-4顯示這個例子的後續發展。結果，由兩階段型態高點起算，最終的跌勢為17.75點。這份圖形也標示我所謂的Z字狀型態。

圖 8-4

圖8-5顯示羅素迷你契約45分鐘走勢圖的多頭兩階段型態。此處標示的價格聚集，包括a點到b點之幅度的0.382折返，c點到d點之幅度的1.272延伸，根據b點到c點之幅度而由d點向下衡量的1.0預測目標：

795.80低點到814.10高點走勢（a~b）的0.382折返目標＝807.11

808.00低點到813.20高點走勢（c~d）的1.272延伸目標＝806.59

　　根據814.10高點到808.00低點走勢（b~c），由813.20高點（d）
向下衡量1.0預測目標＝807.10

　　同樣地，根據期貨契約報價做適當的四捨五入，所衡量的價
格聚集為806.60～807.10。型態完成之後，由型態低點起算的漲
勢高達14.10點。請注意，相較於其他一些型態，目前這種型態
缺乏對稱結構。相較於c~d價格擺動，b~c與d~e價格擺動所經過
的時間很短。一般來說，這類擺動在時間長度上比較接近。（就
我們看得到的Z字狀走勢與價格關係聚集，這已經足以做為一種
交易佈局。）

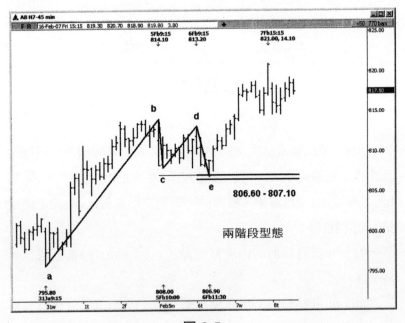

圖 8-5

接下來，讓我們看看2007年3月份S＆P迷你契約的3分鐘走勢圖（圖8-6），其中顯示兩個階段的價格聚集：1444.75～1445.00，包括a點到b點之幅度的0.50折返，c點到d點之幅度的1.618延伸，根據b點到c點之幅度而由d點向下衡量的1.0預測目標。

1441.75低點到1448.00高點走勢（a~b）的0.50折返目標＝1444.88

1445.75低點到1447.25高點走勢（c~d）的1.618延伸目標＝1444.82

根據1448.00低點到1447.25高點的走勢（b~c），由1448.25高點（d點）向下衡量的1.0預測目標＝1445.00

圖 8-6

　　請注意，b~c與d~e的幅度相當，兩者都是2.25點。對稱在兩階段型態內扮演很重要的角色。

　　實際低點為1445.00。請參考圖8-7，這個型態完成之後，後續漲勢完成所有三個目標。

　　整段漲勢為13.50點，進行的速度很快。很多情況下，行情發展會超越所有設定的目標，所以我建議採用追蹤性停止策略，或至少有些部位應該如此，避免完全錯失重大行情。

圖 8-7

　　圖8-8顯示道瓊迷你契約3分鐘走勢圖的兩階段型態。價格聚集爲12753～12757，包括下列價格關係：

　　12780高點到12733低點之走勢（a~b）的0.50折返目標＝12757

　　12750高點到12739低點之走勢（c~d）的1.272延伸目標＝12753，

　　12750高點到12739低點之走勢（c~d）的1.618延伸目標＝12757

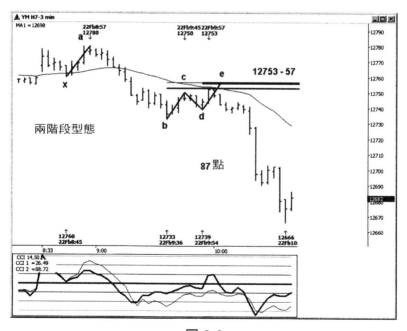

圖 8-8

　　根據12733低點到12750高點之走勢（b~c），由12739低點
（d）向上衡量1.0預測目標12756

　　根據12760低點到12780高點之走勢（x~a），由12739低點
（b）向上衡量1.0預測目標12753

　　這個例子當中，除了兩階段型態一般考慮的價格關係之外，
還額外考慮另一個對稱預測。

　　另外，c點到d點的擺動只有11點，所以1.272與1.618延伸目
標的差異很小，可以視為重疊。

　　兩階段型態如果有與他價格關係重疊（尤其是對稱預測），
則可以強化型態效力。由兩階段型態聚集區起算，後續跌勢高達
87點。

　　圖8-9顯示道瓊迷你契約3分鐘走勢圖的兩階段型態。價格聚
集區位在12762～12764，包含的價格關係有：

　　128146高點到12732低點之走勢（a~b）的0.382折返目標＝
12764

　　12757高點到12737低點之走勢（c~d）的1.272延伸目標＝
12762

　　根據12732低點到12757高點之走勢（b~c），由12737低點
（d）向上衡量1.0的預測目標＝12762

　　實際高點位在12762，與衡量價格聚集只差1檔，隨後出現高
達38點的跌勢。

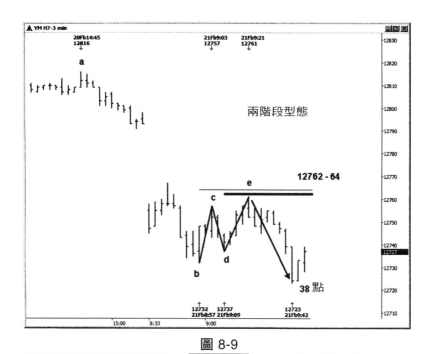

圖 8-9

　　下面這個兩階段型態例子發生在OEX現貨日線圖，請參考圖
8-10，包含下列價格關係的重疊：a點到b點之走勢幅度的0.382
折返，c點到d點之走勢幅度的1.272延伸，並根據b點到c點之走
勢幅度，由d點向下衡量1.0預測目標。

　　由542.77低點到584.33高點之走勢（a~b）的0.382折返目標
＝568.45

　　由571.96低點到582.67高點之走勢（c~d）的1.272延伸目標
＝569.05

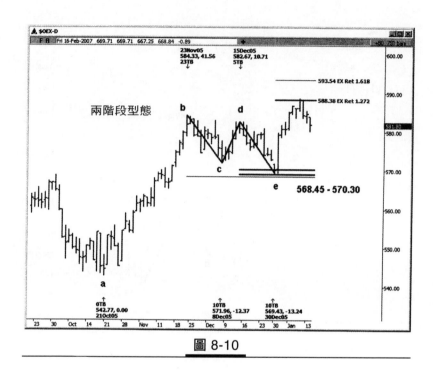

圖 8-10

根據584.33高點到571.96低點之走勢（b~c），由582.67高點（d）向下衡量1.0預測目標＝570.30

走勢的實際低點爲569.43，隨後出現一波19點的漲勢，達到上檔的1.272延伸目標。

接著，請觀察圖8-11的黃金期貨連續走勢日線圖，其中的兩階段聚集456.70～457.70包含的價格關係有：a點到b點之走勢幅度的50％折返，c點到d點之走勢幅度的1.272延伸，以及根據b點到c點之走勢幅度而由d點向下衡量100％的預測目標。

　　430.70低點到483.10高點之走勢（a~b）的0.50折返目標＝456.90

　　462.00低點到477.80高點之走勢（c~d）的1.272延伸目標＝457.70

　　根據483.10高點到462.00低點之走勢（b~c），由477.80高點（d）向下衡量1.0的預測目標＝456.70

　　這個例子的實際低點位在456.10，稍微穿越衡量區間（60美分）。請記住，實際價位與衡量水準未必會精準吻合。隨後出現一波＄88的急漲走勢。

圖 8-11

　　不是每個兩階段型態都能成功發展。事實上,如同一般的價格群聚一樣,很多兩階段型態都沒能發揮作用,或只發揮部分作用。讓我們看一些不完全成功的例子。

　　首先,讓我們看看羅素迷你契約3分鐘走勢圖(圖8-12)。兩階段型態出現在826.40～827.10,尤其是826.40～826.60(區間內存在價格關係)。請留意下列價格關係:

　　829.20高點到823.60低點之走勢(a~b)的0.50折返目標=826.40

　　826.20高點到824.50低點之走勢(c~d)的1.272延伸目標=826.66

　　根據823.60低點到826.20高點之走勢(b~c),由824.50低點(d)向上衡量1.0預測目標=827.10

　　根據826.20低點到829.20高點之走勢(x~a),由823.60低點(b)向上衡量1.0預測目標=826.60

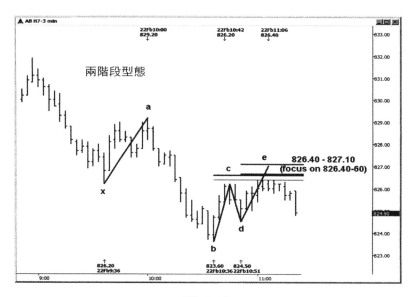

圖 8-12

　　d~e波段走勢高點確實進入兩階段型態衡量區域，然後也立即出現回挫；這部分沒有問題。可是，請參考圖8-13，這個型態並沒有真正成功。

　　最初的跌勢只稍微超過0.618折返水準，實際低點為823.60。如果在兩階段型態區域內建立空頭部位，下檔目標價位應該是822.84，也就是b~e走勢幅度之1.272延伸（b點與e點的標示位置，請參考圖8-12）。

圖 8-13

作者提醒

某些兩階段型態會有標準的發展，確實完成整個型態高度的
1.272衡量目標。可是，千萬不要誤以為這是萬無一失的。雖然
很多兩階段型態會完成初步目標，甚至實現更進一步的目標，但
也有很多不成功的案例。基於這個緣故，我建議採用追蹤性停止
策略。

　　其次，讓我們看看道瓊工業現貨指數的15分鐘走勢圖（圖8-
14），12384.20～12396.92之間出現兩階段型態的價格聚集，包
含的重要價格關係如下：

12510.81高點到12257.58低點之走勢的0.50折返目標＝
12384.20

12470.52高點到12257.58低點之走勢的0.618折返目標＝
12389.18

12355.23高點到12287.78低點之走勢的1.618折返目標＝
12396.92

根據12257.58低點到12235.23高點之走勢，由12287.78低點
向上衡量1.0預測目標＝12385.43

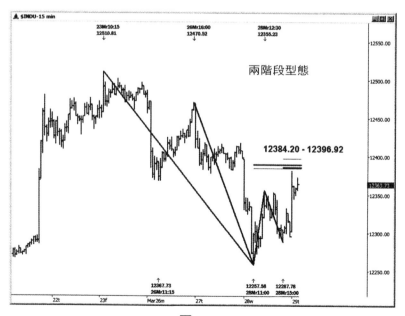

圖 8-14

　　請參考圖8-15，Z字狀走勢末端確實觸及兩階段型態價格區間，實際高價為12381.43。

　　隨後也如同預期地出現一波顯著的跌勢，但跌勢低點只呈現0786折返而到達先前的12257.58低點，並沒有達成1.272的部位初步目標。

　　雖說如此，這仍然算是不錯的佈局，只是沒有達成初步目標而已。

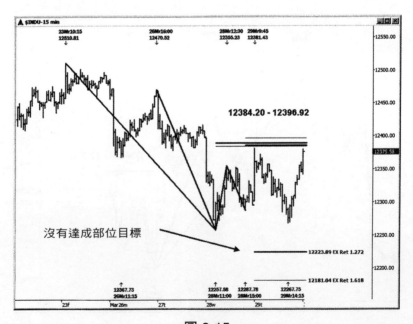

圖 8-15

作者提醒

如果在走勢圖上看到Z字狀走勢，不妨衡量相關的價格關係，看看是否能得到適當的價格聚集。如果佈局按照預期發展，獲利經常是不錯的。

結　語

　　本章說明兩階段型態的結構，這種型態有時候又稱為迦特雷型態。這種型態，以及價格群聚和對稱預測，都代表很好的交易機會，風險明確，獲利潛能很好。

　　閱讀本書的前8章之後，讀者現在已經知道如何建構型態＃1、＃2與＃3的交易佈局（請注意，這些交易佈局未必都能提供可供交易的機會）。這些交易佈局之中，很多可能無效或被穿越。為了提高勝算，這些交易佈局還需要經過適當指標的過濾，而且最好順著趨勢發展方向建立部位。本書稍後會探討這些做為濾網的指標。

費波納奇法則

第 9 章

挑選適當的價格擺動

　　相關分析究竟應該採用哪些價格高點 / 低點的擺動？這往往是讓很多人覺得困擾的問題。除了接下來準備討論的案例之外，我請讀者要運用一些普通常識。

　　當各位觀察一份走勢圖而想要尋找適當價格擺動的高點與低點時，請考慮一個問題：這些高點 / 低點與目前行情是否有關？

走勢圖案例

　　第一個案例是羅素迷你契約15分鐘走勢圖（圖9-1），圖形上標示著時間與價格分析所採用的擺動高點與低點。

　　我所挑選的這些價格擺動都很明確，可以協助我分析交易佈局。我的腦海裡浮現著清晰的影像，顯示這些價格擺動所做的折返、延伸與預測分析。

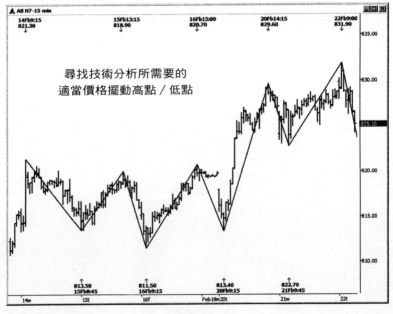

圖 9-1

　　圖9-2顯示歐元外匯日線圖，此處標示的價格擺動很明顯，
我利用它們做技術分析。

　　目前這個例子當中，我也會運用a～b價格擺動，譬如說：由
2006-12-04高點向下衡量a～b幅度的1.0預測目標。後來，行情向
下貫穿這個對稱支撐。

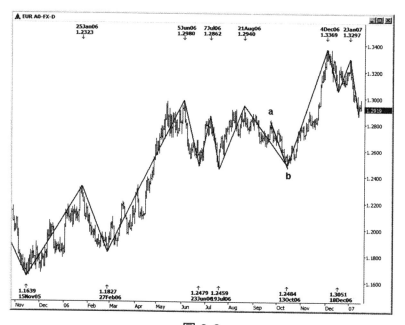

圖 9-2

　　圖9-3是通用汽車股價日線圖，其中標示著我進行價格與時間分析所採用的擺動。

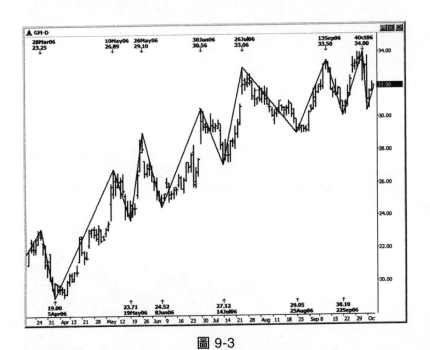

圖 9-3

　　圖9-4是Google股價日線圖，我標示著相關分析所需要的價格擺動。就我個人而言，高點／低點的選擇很明顯。

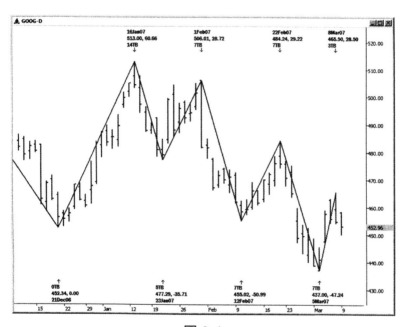

圖 9-4

　　圖9-5是歐元外匯240分鐘走勢圖，其中標示著我從事價格與時間分析所採用的價格擺動。

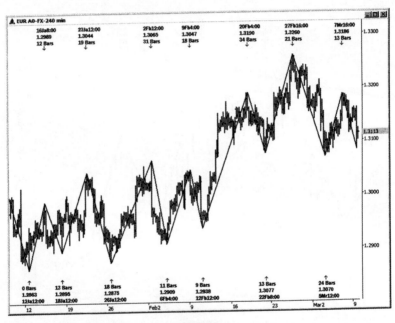

圖 9-5

　　圖9-6顯示英鎊（GBP/USD）外匯日線圖，其中標示著我進
行分析採用的價格擺動。

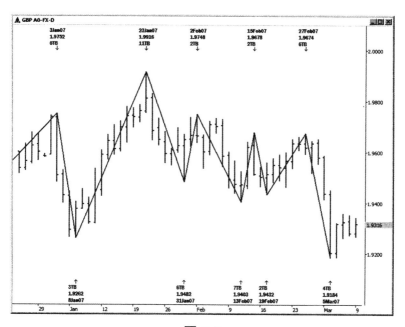

圖 9-6

　　圖9-7是2007年4月份黃金迷你契約15分鐘走勢圖，其中標示我從事分析的價格擺動。

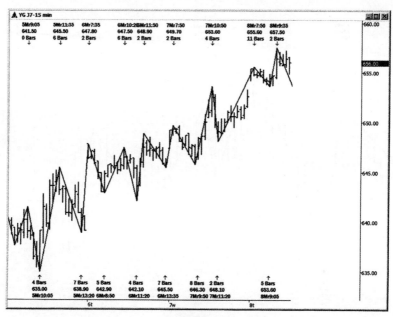

圖 9-7

結　語

　　本章提供一些例子，說明費波納奇比率分析如何挑選價格擺動。如果知道如何挑選適當的價格擺動，針對這些價格擺動所衡量的價格關係才會可靠。

　　我曾經數度提到「時間」的分析。現在，我們已經談論價格佈局的概略結構，接下來準備討論「時間」。換言之，我們打算把費波納奇比率分析引用到價格走勢圖的時間軸上。如果時間循環與價格相互配合的話，可以提升交易佈局的勝算。

第10章

引用費波納奇比率於時間軸

交易者可以採用費波納奇價格分析與佈局，這是建構交易計畫的理想基礎。為了增添確認或強化佈局，我們也可以針對價格走勢圖的時間軸進行費波納奇比率分析。這是真的衡量市場的時效，不同於其他所謂的時效分析只不過是運用不同的價格擺盪指標。我們運用這種時間循環評估行情可能發生反轉的時間。另外，當時間與價格參數彼此配合時，可以顯著提升交易佈局的勝算。

進行時間分析

我採用兩種不同方式從事時間分析。

第一種是進行「動態交易者」的時間循環預測（time cycle projections）。其他技術分析軟體也具備這種費波納奇時效工具，例如：Ninja Trader與Genesis Financial最近都增添這種工具。

我從事時間分析的第二種方式，是運用「動態交易者」軟體特有的報告。當我選擇時間分析的擺動高點與低點之後，動態交易者軟體會自動根據價格分析使用的比率，在價格走勢圖下側顯示一種直方圖。

　　這份直方圖會顯示我需要留意趨勢可能發生變動的時間預測聚集。

時間循環預測

　　費波納奇時間循環預測是要尋找趨勢可能發生反轉的時間。舉例來說，如果行情展現0.618時間循環的漲勢，我們將尋找可能發生趨勢反轉的可能高點。如同先前考慮的費波納奇價格關係一樣，我們也希望尋找趨勢可能發生變動的時間關係聚集。單一循環雖然可用，但時間循環彼此重疊的聚集可以提高勝算。為了尋找這些時間聚集，我們會根據關鍵擺動高點與低點之間的時間距離，運用分析價格軸的相同比率而朝未來做時間預測。首先，我們會採用費波納奇時間工具，根據走勢圖上的兩個點，尋找這些時間關係。

　　預測時間關係所根據的兩個點可能是：

由低點到低點

由高點到高點

由低點到高點

由高點到低點

　　至於時間預測所採用的比率，主要包括：0.382、0.50、0.618、0.786、1.0、1.272、與2.618。偶爾可能採用0.236與4.236用以確認其他比率（換言之，這兩個比率本身並不重要，但其預測如果與其他比率的預測重疊，則能夠用以確認其他比率）。

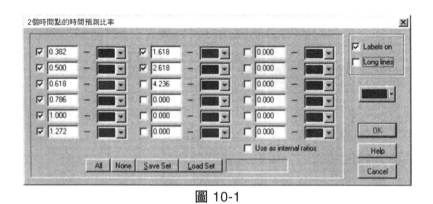

圖 10-1

　　圖10-1顯示動態交易者軟體運用兩個點做時間的預測。

　　接下來會探討每個時間循環預測。第一次的例子大多採用原油迷你契約連續走勢圖。（我們經常採用迷你契約，因為我的很多客戶都在線上從事這類契約的交易。）

作者提醒

從事費波納奇時間循環分析，時間單位是採用「交易日」而不是「行曆日」。可是，如果採用動態交易者時間報告的話，軟體會自動把「交易日」轉換為對應的「行曆日」。關於這兩種時間單位，預測可能會出現1、2天的差別。我個人認為，「交易日」的預測比較精確。可是，同時根據這兩種時間單位做預測也沒有什麼壞處，但要清楚兩者時間預測的差別。

圖10-2是原油日線圖，顯示我如何根據先前的高點-高點距離做時間循環預測。

如果採用動態交易者軟體的話，我會選擇兩個點，則該軟體會根據前述兩個點的時間距離，運用相關費波納奇比率，由第二個點向未來做預測。

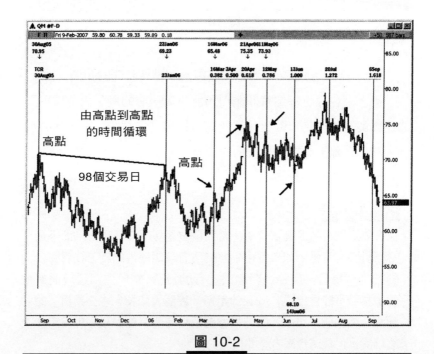

圖 10-2

就目前這個例子來說，我選擇的兩個點分別是：2005-08-30高點與2006-01-23高點。這兩個點之間的時間距離為98個交易日。把這個時間距離（98天）分別乘以適當的費波納奇比率，然後由2006-01-03高點（第二個點）往未來做衡量，結果顯示下列日期可能發生趨勢變動：03-16（0.382）、04-20（0.618）、05-12（0.786）與06-13（1.0）。

至於實際高點或低點的發生日期則是：03-16、04-21、05-11、與06-14。一般來說，對於所預測的日期，應該要±1天。

請注意，圖10-2還標示另一些費波納奇比率預測的日期，這些日期都沒有發生明顯的趨勢變動。

作者提醒

這指代表單一循環的預測；換言之，我們根據過去單一的重要時間距離，朝未來做預測。如果根據過去的多個時間距離做預測，就會出現時間聚集，有助於提升預測的準確性。

圖10-3是原油連續日線圖。

這個例子當中，我們根據過去由低點到低點之間的時間距離做預測。過去的兩個低點分別是2005-05-16低點與2005-11-30低點，兩者相隔137個交易日。

把137個交易日分別乘以適當的費波納奇比率，然後由2005-11-30往未來預測趨勢可能發生變動的時間。根據這份走勢圖觀

費波納奇法則

察，趨勢確實在下列預測日期附近發生變動：0.382、0.786、1.272與1.618等衡量。

　　某個低點發生在0.382循環的隔天，另一個低點剛好位在0.786循環，某個高點正好落在1.272循環，另一個高點落在1.618循環的隔天。（50％循環似乎也出現反轉，但存在一些誤差，我個人認為誤差只允許在±1個交易日範圍內。）

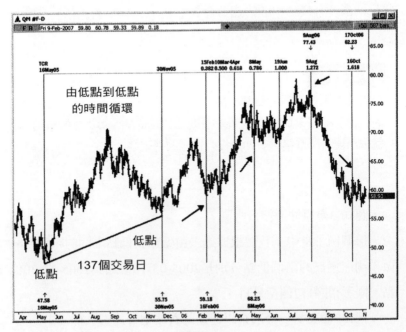

圖 10-3

　　接下來這個例子（圖10-4），我們根據原油過去的高點與低點做預測。首先衡量2005-0830高點到2005-11-30低點之價格擺動的時間距離（63個交易日），由2005-11-30向未來做時間預測。

　　就這個例子來說，誤差在1個交易日範圍內的有效預測有兩個，一個實際在星期五，預測在星期一；另一個則剛好落在1.618循環上。

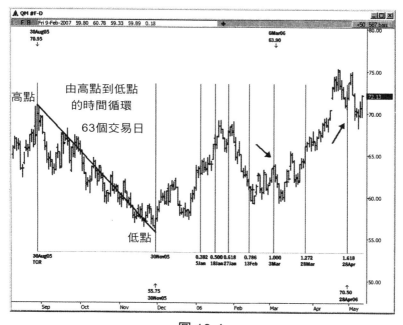

圖 10-4

費波納奇法則

　　圖10-5的例子，顯示價格擺動低點到高點之時間距離的預測（2005-11-30低點與2006-04-21高點），所使用的費波納奇比率與先前例子相同。

　　我們看到幾個行情反轉發生在預測時間循環上。某低點落在.382循環，某高點發生在0.618循環，另一高點落在0.786循環。某低點落在1.272循環。最後，我們也看到1.618循環上的反轉。

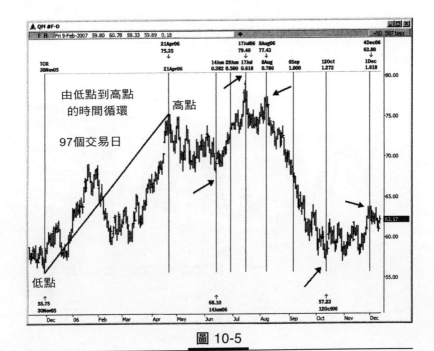

圖 10-5

前面幾個例子，是根據先前價格擺動兩個時間點之間的距離，由第二個時間點向未來做預測。

同樣地，我們也可以根據先前價格擺動兩個時間點之間的距離，而由另一個無關的時間點向未來做預測。譬如說，我們可以衡量過去價格擺動之高點到高點之間的時間距離，然後把這個時間距離乘以適當的費波納奇比率，由某個擺動低點向未來做價格擺動之低點到高點的時間距離，由另一個低點向未來做預測。

這種涉及三個點的時間預測，通常是：

衡量過去由低點到高點之價格擺動的時間距離，由另一個低點向未來做相同方向的預測（換言之，預測高點）

衡量過去由高點到低點之價格擺動的時間距離，由另一個高點向未來做相同方向的預測（換言之，預測低點）

衡量過去高點到高點之間價格擺動的時間距離，由前兩個高點之間的某低點向未來預測

衡量過去低點到低點之間價格擺動的時間距離，由前兩個低點之間的某高點向未來預測測

對於這些涉及3個點的預測，我採用的比率主要有1.0、1.272與1.618。某些情況下，我也會採用0.618來確認其他比率。

　　運用100％做相同方向的預測，則是對稱的時間預測。我尤其經常根據過去修正走勢的時間距離，向未來做對稱的預測，藉以判斷順勢部位的可能進場時間。如同對稱價格預測一樣，時間對稱預測的可靠性也較高。

　　圖10-6顯示動態交易者軟體如何利用3個點做時間預測。

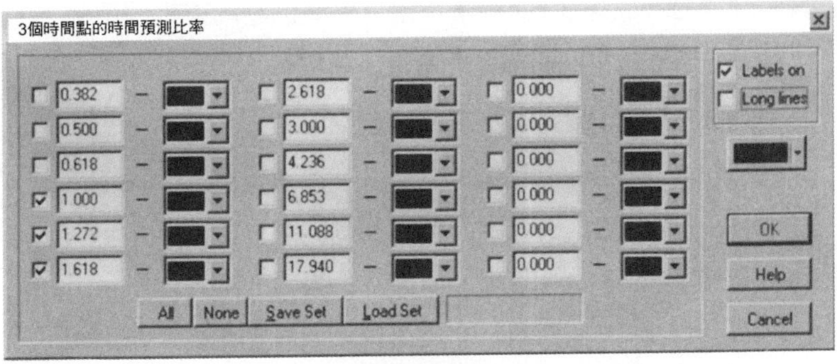

圖 10-6

　　請參考圖10-7，我們先衡量過去的某向上價格擺動（2005-
02-09低點～2005-04-04高點），其時間距離爲36個交易日。然
後，由第三個低點（2005-11-30）向未來做預測。

　　第一個循環（1.0）的預測相當不錯。1.0循環預測的高點在
2006-01-24，實際高點發生在2006-01-23，兩者相差1天。這是時
間對稱的好例子，第一個36交易日循環的預測日期，大致對應由
11月底開始的價格向上擺動時間距離（35個交易日）。當各位開
始自行做研究時，將發現很多擺動的時間距離會與相關分析的其
他擺動對應。

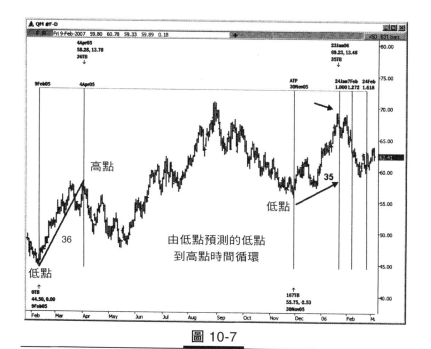

圖 10-7

　　圖10-8是由隨後的某個價格高點，向下衡量先前某高點到低點價格擺動的時間距離，此處是運用3個點的時間分析工具，比較相同方向的價格擺動。

　　這個例子考慮的過去價格擺動是由2005-04-04高點到2005-05-16低點價格擺動的時間距離（30個交易日），然後由2006-04-21高點向未來衡量該時間距離的費波納奇比率。

　　我們發現，1.272循環呈現趨勢反轉，預測日期為2006-06-15，實際日期為2006-06-14。

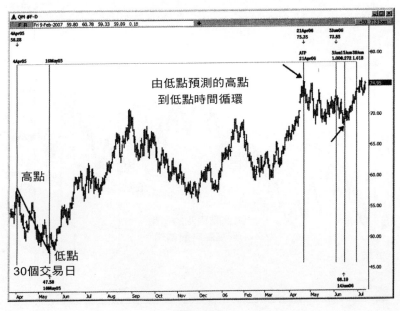

圖 10-8

　　圖10-9是衡量兩個價格高點之間的時間距離，然後由這兩個高點之間的某關鍵低點，向未來衡量前述時間距離的循環。兩個價格高點分別位在2005-08-30與2006-01-23，時間距離為98個交易日。我們由2005-11-30低點向未來衡量前述時間距離的1.0、1.272與1.618循環。2005-04-21出現某可交易高點，預測時間循環在2005-04-24。另一個次級低點落在1.272循環的2006-06-01。還有一個可交易高點落在1.618循環的2個交易日範圍內。（如果實際日期與預測日期間隔超過1個交易日，我通常就不認爲相符，不過此處還是值得一提。）

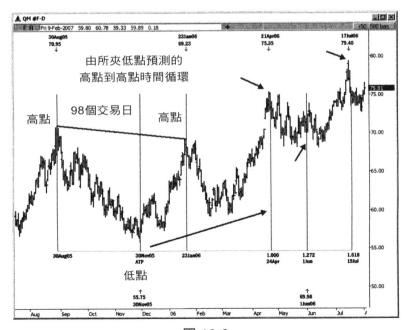

圖 10-9

　　圖10-10是衡量兩個價格低點之間的時間距離，然後由這兩個低點之間的某關鍵高點，向未來衡量前述時間距離的循環。兩個價格低點分別位在2005-02-09與2005-05-16，時間距離為66個交易日。所夾高點則是2005-04-04，運用的費波納奇比率仍然是1.0、1.272與1.618。

　　目前這個例子，只有1.0循環值得一提。某可交易高點剛好落在循環日期上。請注意，由2005-02-09到2005-05-16的時間距離為66個交易日，由2005-04047向未來衡量66個交易日，剛好是2005-07-07的價格高點。

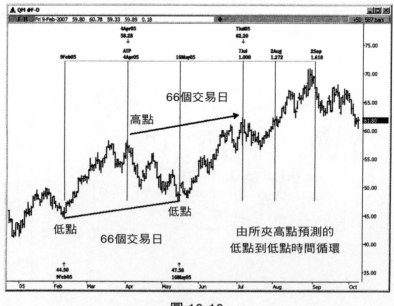

圖 10-10

時間對稱

　　如同價格對稱一樣，時間對稱是一種結構單純、功能顯著的
工具。請參考圖10-11的Google股價走勢圖，其中包是3個修正價
格擺動：由2006-04-21高點到2006-05-19低點之間為20個交易
日，由2006-07-07高點到2006-08-03低點之間為19個交易日，由
2006-11-22高點到2006-12-21低點之間為20個交易日。

圖 10-11

　　圖10-12也是Google股價走勢圖。當我們挑選過去發生的某
價格擺動，就可以往未來做對稱的時間預測。就目前這個例子來
說，當股票由2006-05-19低點向上攀升到2006-07-07的高點而回
檔，我們根據先前價格向下擺動的時間距離（20個交易日），由
2006-07-07高點向未來衡量10，預測這波跌勢的低點位在2006-
08-04，結果實際低點出現在2006-08-03。後來，在200611-22的
高點，我們仍然可以利用這個時間距離向未來做對稱衡量，低點
預測爲2006-12-20或2006-12-21。實際低點落在2006-12-21。

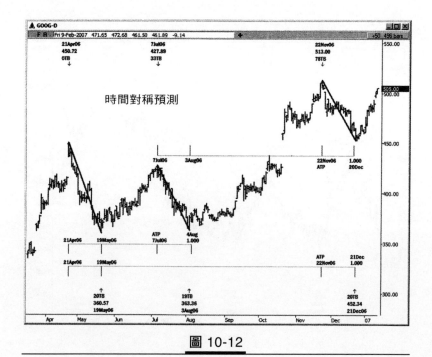

圖 10-12

　　對於任何高點，只要看到價格已經明顯回檔，就可以做這些
預測。譬如說，如果由2006-11-11高點的前一個高點往後衡量20
天，也可以正確預測隨後發生的低點。可是，當我們由某個高點
做對稱預測時，如果行情在預測日期之前再創新高，則原先的預
測將失效。

作者提醒

關於費波納奇衡量，每當價格出現新擺動高點或低點，就可以做
新的價格或時間衡量。

　　時間本身雖然能夠做預測，但如果時間與價格參數彼此相符的話，相關預測將更可靠。圖10-12曾經提到，由2006-11-12高點所做的20個交易日對稱衡量，預測低點可能落在2006-12-20或2006-12-21。隨著行情發展，當時間逐漸逼近預測日期，如果觀察價格衡量，將發現447.10～452.02存在價格聚集。所以，我們預期的低點將發生在12-20或12-21，價格大約介於447.10～452.02。根據這兩項資料，我們比較有把握在適當位置進場建立多頭部位。圖10-13顯示價格與時間預測參數彼此一致。

圖 10-13

結　語

　　本章運用一些例子說明如何運用費波納奇比率做時間預測。
請注意，單一時間循環就可以預測趨勢變動，但數個時間循環提
供的預測聚集更可靠，就如同價格聚集一樣。下一準備討論時間
聚集。

第11章
費波納奇時間聚集

　　現在，各位已經知道時間預測的基本技巧，接著將考慮在相當明確的時段內，由至少3個這類時間關係構成的聚集。這也就是所謂的時間聚集（time cluster）。這些時間循環能夠用以界定潛在**趨勢反轉**的時間視窗。舉例來說，如果行情朝上發展，我們想知道高點與後續的下檔反轉低點可能發生在什麼時間（假定行情當時是攀升進入這個區域）。同理，如果行情朝下發展，我們想知道低點與後續的上檔反轉高點可能發生在什麼時間（假定行情當時是下滑進入這個區域）。所謂「發生在什麼時間」，這是指「相當明確的時段」與「時間視窗」。

　　關於聚集發生的時間範圍，就日線圖而言，我們尋找彼此相差1～3個交易日的日期；對於盤中走勢圖而言，則考慮1～3支線形的時間範圍。超過這個時間範圍，在預測上可能就沒有價值。我說「可能沒有價值」，因為任何法則都有例外。其次，所謂的「時間視窗」，是指時間聚集預測±1支線形的範圍。換言之，我們所預測的**趨勢變動**，預期將發生在時間視窗內。舉例來說，假定我們衡量日線圖的時間聚集為06-02～06-03。這種情況下，我們預期**趨勢變動**將發生在06-01～06-04的時間視窗內。

時間聚集案例

　　圖11-1是開拓（Caterpillar）的股價日線圖，其中顯示一些時間聚集。譬如說，一些時間關係聚集在2006-10-16到2006-10-20之間。

　　2006-09-06高點到2006-09-22低點之時間距離的1.618＝2006-10-19

　　2006-08-04高點到2006-09-22低點之時間距離的0.50＝2006-10-17

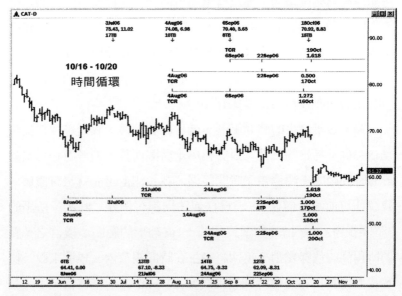

圖 11-1

2006-08-04高點到2006-09-22高點之時間距離的1.272＝2006-10-16

2006-07-21低點到2006-08-24低點之時間距離的1.618＝2006-10-19

2006-06-08低點到2006-07-03高點之時間距離，由2006-09-22低點衡量1.0預測＝2006-10-17

2006-06-08低點到2006-08-14低點之時間距離的1.0預測＝2006-10-18

2006-08-24低點到2006-09-22低點之時間距離的1.0預測＝2006-10-20

當開拓漲勢進入這個時間循環聚集，我們想要知道可能的高點位置，以及稍後的下檔反轉點。就目前這個例子來說，實際高點發生在2006-10-18，然後出現一波顯著跌勢。如果我們當時持有這支股票的多頭部位，當然想知道漲勢上檔的潛在壓力位置。

圖11-2顯示奇異電器股價日線圖的時間循環聚集。

由2006-10-05高點到2006-11-02低點之時間距離的1.618＝2006-12-19

由2006-10-05高點到2006-11-20高點之時間距離的0.618＝2006-12-19

根據2006-11-02低點到2006-11-20高點之時間距離，由2006-12-01低點衡量1.0預測＝2006-12-19

由2006-11-02低點到2006-12-01低點之時間距離的0.618＝2006-12-19

費波納奇法則

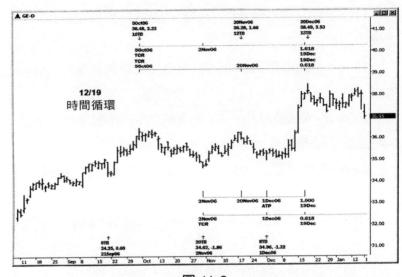

圖 11-2

　　由於奇異股價當時是攀升進入這個區域，所以我們想要找到高點的可能位置。實際高點落在2006-12-20。當時間循環預測日期逼近時，我們當然想知道趨勢變動的徵兆。

　　近幾年來，黃金是非常值得交易的市場。圖11-3顯示時間聚集發生在2007-02-27到2007-03-01之間。

　　如果我們當時持有黃金部位，當然想知道這方面的訊息。相關時間循環：

　　2006-09-05高點到2006-12-01高點之時間距離的1.0預測＝2007-03-01

　　2006-07-17高點到2006-12-01高點之時間距離的0.618＝2007-02-28

2006-12-01高點到2007-01-05低點之時間距離的1.618＝2007-02-28

2006-10-04低點到2007-01-05低點之時間距離的0.618＝2007-03-02

2006-06-14低點到2006-10-04低點之時間距離的1.272＝2007-02-27

實際高點落在2007-02-27，隨後在一個星期之內，出現一波$ 58的跌勢。

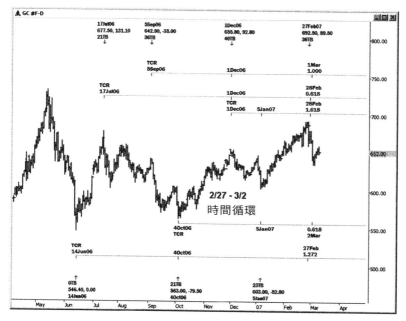

圖 11-3

　　圖11-4是默克製藥的股價走勢圖，時間循環聚集落在2007-01-23到2007-01-25之間。默克行情攀升進入這個時間視窗，所以我們想知道可能的高點將落在哪裡。

　　相關的時間循環如下：

　　2006-10-27高點到2006-12-04高點之時間距離的1.272＝2007-01-23

　　2006-12-04高點到2006-12-26低點之時間距離的1.272＝2007-01-25

　　2006-11-10低點到2006-12-26低點之時間距離的0.618＝2007-01-25

　　根據2006-11-10低點到2006-12-04高點之時間距離，由2006-12-26低點衡量1.272預測＝2007-01-25

　　實際高點落在2007-01-25，預測完全精準。隨後出現一波相當顯著的跌勢，至少延續22個交易日。

　　請注意，上述循環完全來自於4個點。很多情況下，理想的循環聚集並不需要太多擺動端點。所以，從事時間分析，首先應該考慮最近出現的關鍵高點與低點。

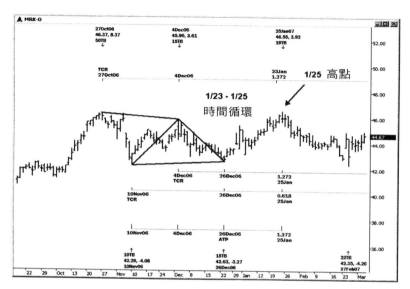

圖 11-4

　　圖11-5顯示寶鹼（Procter and Gamble）的股價走勢圖，股價攀升進入2006-11-06到2006-11-09時間視窗。這個時間視窗包括：

　　2006-10-05高點到2006-10-16低點之時間距離的2.618＝2006-11-09

　　2006-09-08高點到2006-10-05高點之時間距離的1.272＝2006-11-08

　　2006-09-14低點到2006-10-16低點之時間距離的0.786＝2006-11-08

　　根據2006-0914低點到2006-10-05高點之時間距離，由2006-10-16低點衡量1.0預測＝2006-11-06

　　實際高點落在2006-11-07，隨後出現一波可供交易的跌勢。
請注意圖11-5最下側標示的循環為2006-11-06，這是先前價格漲
勢的替代時間預測（alternate time projection），乃藉由兩個相同
方向的價格擺動來預測時間。

　　在這個例子中，我比較兩個向上價格擺動，第一個擺動的時
間距離為15個交易日，第二個擺動由2006-10-16低點開始，其與
實際價格高點發生時間的距離為16個交易日。

　　我發現，這類100％的時間預測相當有用。這也就是在時間
軸上做對稱（相同或類似時間距離）的比較。

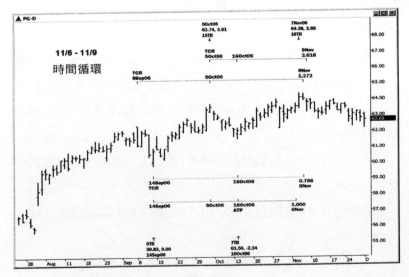

圖 11-5

　　請參考圖11-6，在圖11-5標示的時間循環內，費波納奇價格關係也建議當時可能出現高點。這是因為兩個先前擺動的價格延伸在此發生重疊。

　　前文曾經提到，我們可以根據先前價格擺動幅度的1.272衡量價格目標。在11月初的時間視窗內，如果價格同時逼近延伸目標，我們當然有理由保護多頭部位的既有獲利。

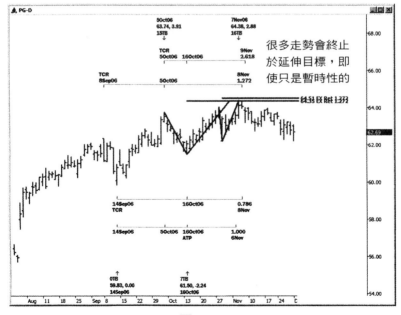

圖 11-6

　　圖11-7顯示道瓊工業指數走勢圖在2004-05-11到2004-05-14之間，由5個費波納奇時間關係構成聚集：

　　2003-09-30低點到2004-02-19高點（點1～點3）之時間距離的0.618＝2004-05-14

　　2003-11-21低點到2004-02-19高點（點2～點3）之時間距離的1.0＝2004-05-13

　　根據2004-02-19高點到2004-03-24低點（點3～點4）之時間距離，由2004-04-06（點5）衡量1.0目標＝2005-11-04

　　2004-03-24低點到2004-04-06高點（點4～點5）之時間距離的2.618＝2004-05-11

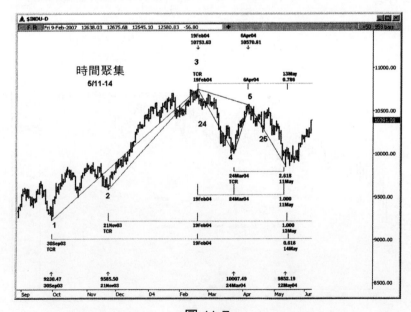

圖 11-7

2004-02-19高點到2004-04-06高點（點3～點5）之時間距離的0.786＝2004-05-13

圖11-7沒有辦法清楚顯示兩個時間循環，所以請觀察圖11-8。這兩個循環是2004-03-24低點到2004-04-06高點的2.618循環，另一個是3點循環（根據2004-02-19高點與2004-03-24低點，由2004-04-06衡量）。

請留意時間上的對稱，點3到點4之間的時間距離為24個交易日，點5到05-12實際低點之間的時間距離為25個交易日。

圖 11-8

　　繼續延伸圖11-7與11-8的相關討論。請參考圖11-9，在05-12時間循環位置，行情也逼近價格聚集目標（9812～9854）；換言之，時間與價格關係彼此呼應。行情在此觸底之後，出現相當顯著的漲勢。

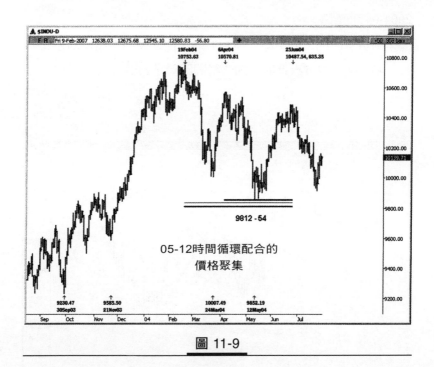

圖 11-9

　　圖11-10顯示SPX現貨指數日線讀的時間聚集,其中在2006-05-09到2006-05-10存在很好的時間循環聚集。由於行情當時攀升進入這個時間視窗,所以應該留意可能的高點位置。

　　這個時間聚集的循環包括:

　　2006-03-21高點到2006-04-07高點之時間距離的1.618=2006-05-09

　　2006-04-07高點到2006-04-20高點之時間距離的1.618=2006-05-09(理想的確認循環)

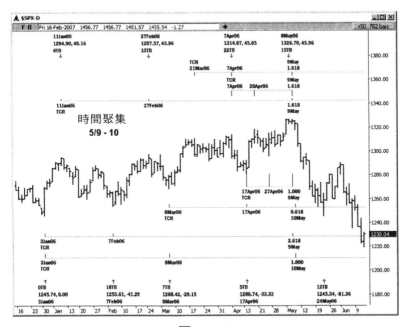

圖 11-10

2006-01-11高點到2006-02-27高點之時間距離的1.618＝2006-05-09

2006-04-17高點到2006-04-27低點之時間距離的1.0＝2006-05-09（理想的確認循環）

2006-03-08低點到2006-04-17低點之時間距離的0.618＝2006-05-10

2006-01-03低點到2006-02-07低點之時間距離的2.618＝2006-05-09

2006-01-03低點到2006-03-08低點之時間距離的1.0＝2006-05-10

實際高點落在2006-05-08，與時間循環相差1個交易日。隨後出現顯著的跌勢。

另外，我還列舉了兩個確認循環；這兩個循環只用來確認其他循環，其本身並不重要。我始終認為2.618循環屬於確認循環。至於另一個確認循環，則是因為其時間距離相對較短，所以也比較不重要。

作者提醒

單純藉由價格資料，絕對可以讓我們掌握走勢即將終止的先機。可是，除了價格之外，如果增添時間資料，可以讓趨勢反轉判斷的勝算顯著提高。如果能夠同時運用價格軸與時間軸，為何只運用市場的單一維度呢？

　　圖11-11顯示另一份SPX現貨指數日線圖。在實際高點出現之前，我的客戶已經取得時間資訊。在2007-02-22到2007-02-23之間，我們看到至少4個循環，包括：

　　2007-01-25高點到2007-02-07高點之時間距離的1.272＝2007-02-23

　　2007-01-03高點到2007-01-25高點之時間距離的1.272＝2007-02-22

　　2007-01-26低點到2007-02-12低點之時間距離的0.618＝2007-02-22

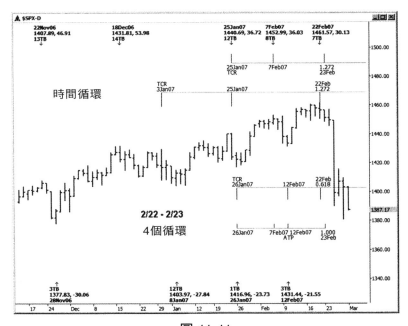

圖 11-11

根據2007-01-26低點到2007-02-07高點之時間距離，由2007-02-12低點衡量1.0預測＝2007-07-23

主要高點實際出現在2007-02-22。這個高點稍早於2007-02-07高點～2007-02-12低點之價格幅度的1.272延伸目標。根據這些價格與時間資訊，我們察覺到漲勢可能即將告一段落。當時，如果各位持有多頭部位的話，當然想要知道這些資訊。

圖11-12說明如何透過動態交易者軟體的時效模組預測這些時間循環（詳細內容請參考下一章說明）。此處繼續引用圖11-11的S&P走勢圖做說明，我讓動態交易者由先前兩個低點進行預測。這兩個預測都顯示02-22與02-23存在時間聚集。

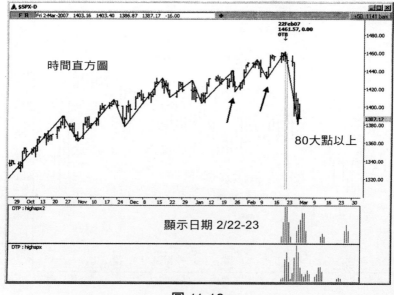

圖 11-12

在走勢圖的下側直接呈現這些時間聚集，往往更方便。如同前文提到的，實際高點落在02-22，當我們記錄圖11-12時，S&P已經出現超過80大點的跌勢。

Google始終是一支值得分析的股票，請參考圖11-13。

此處顯示的是日線圖，以及5個費波納奇時間關係的聚集，發生在2007-02-22到2007-02-23。

圖形上標示著相關衡量的端點。

2007-02-01高點到2007-02-01低點（點3～點4）之時間距離的1.0＝2007-02-22

2007-01-16高點到2007-02-01高點（點1～點3）之時間距離的1.272＝2007-02-23

2007-01-16高點到2007-02-12低點（點1～點4）之時間距離的0.382＝2007-02-22

2007-01-23低點到2007-02-01高點（點2～點3）之時間距離，由2007-02-12低點（點4）衡量1.0＝2007-02-22

2007-01-23低點到2007-02-12低點（點2～點4）之時間距離的0.50＝2007-02-22（理想的確認循環）

我通常不會單獨考慮0.50循環本身，但這是很好的確認循環。實際高點剛好落在這個時間視窗內。

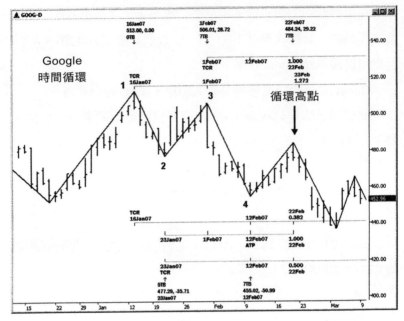

圖 11-13

　　圖11-14是英特爾股價日線圖，我們看到時間循環聚集在 2004-01-09。

　　由上往下觀察圖11-14，相關的循環為：

　　2003-11-07高點到2003-12-02高點之時間循環的1.618＝ 2004-01-09

　　2003-11-17低點到2003-12-10低點之時間距離的1.272＝ 2004-01-09

　　2003-10-24低點到2003-12-10低點之時間距離的0.618＝ 2004-01-09

2006-09-26低點到2003-10-24低點之時間距離的2.618＝2004-01-09（理想的確認循環）

根據2003-08-08低點到2009-09-08高點之時間距離，由2003-12-10低點衡量1.0預測＝2004-01-09

實際高點也落在2004-01-09，隨後出現一波嚴重的跌勢。01-09當時，如果各位持有英特爾的多頭部位，當然想知道此處分析的資訊。

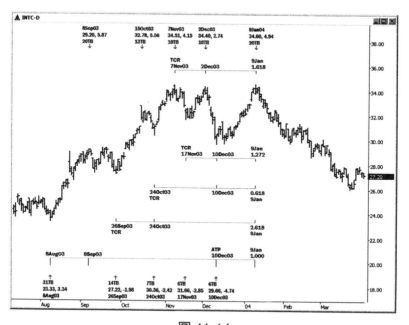

圖 11-14

結 語

　　費波納奇時間聚集是很有用的工具。費波納奇價格關係雖然是一種足以致勝的方法，但本章的案例顯示費波納奇時間循環可以增添額外的勝算。下一章準備討論費波納奇時間直方圖，我每天都運用這項工具分析盤中走勢圖。

第12章

運用動態交易者軟體的
時間預測報告與直方圖

　　一般情況我每天都要更新16份走勢圖到3分鐘的時間架構，所以沒有時間針對盤中走勢圖進行個別的時間循環分析。因此，我直接引用動態交易者軟體（DT）的時效報告。首先，我要挑選時間分析需要的重要擺動高點與低點，藉此建立擺動檔案，然後就可以讓軟體根據走勢圖最近高點或最近低點提供時效報告，顯示後續低點與高點發生的可能時間。這套程式會提供直方圖，顯示在價格走勢圖的下側，我們可以直接根據直方圖觀察時間預測。在直方圖顯著凸起區域，如果行情呈現預期方向的走勢，就必須留意可能發生的趨勢變動。這個時候，必須觀察趨勢反轉訊號。如果察覺趨勢反轉的徵兆，就可以考慮出脫當時持有的部位，甚至反轉部位。

　　讓我們看看這套軟體提供的動態時間預測報告例子。首先，我們在DT軟體內設定擺動檔案，顯示種要價格擺動的高點與低點。然後，使用者要設定相關預測的起點（最近的低點或高點）。經過這兩個步驟，軟體就會自動提供預測報告。我們如果是由最近低點進行預測，則直方圖時間聚集代表行情高點的可能位置。反之，如果是由最近高點進行預測，則直方圖時間聚集代表行情低點的可能位置。

費波納奇法則

作者提醒

請注意，這些時間聚集經常不會出現趨勢變動的走勢，就如同價格聚集也經常遭到穿越一樣。可是，我要藉此機會再強調一次，如果時間聚集視窗內出現預期的既有漲勢或跌勢，而且時間聚集與價格聚集彼此配合，則行情發生變動的可能性將顯著提高。

圖12-1是羅素迷你契約的15分鐘走勢圖。在DT軟體內，根據過去的重要擺動高點與低點建立擺動檔案，然後從最近低點813.50進行預測。

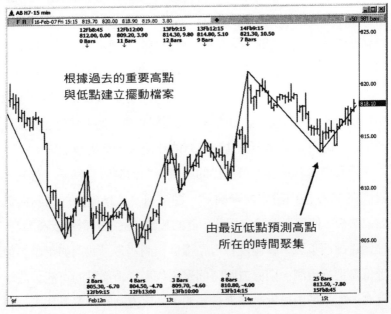

圖 12-1

　　各位可以在圖12-2看到預測報告提供的直方圖，其中顯示兩個時間聚集，分別代表高點可能發生的位置。結果，實際高點出現在第一個時間聚集。

　　當行情由此新高點820.00回檔，我們可以繼續由此新高點預測後續低點可能發生的時間。換言之，每當行情創新的高點或低點，就可以根據新發生的高點（或低點）預測後續低點（或高點）的可能時間。

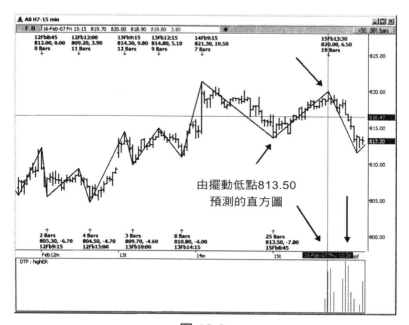

由擺動低點813.50
預測的直方圖

圖 12-2

　　圖12-3藉由Google股價日線圖說明如何進行時間預測。當時，股價處於上升趨勢。當我們看到回檔修正，就可以考慮透過時間與價格預測，協助我們判斷低檔買點。把2006-11-22高點設定為預測起點，時間循環報告顯示低點可能發生的時間視窗為2006-12-18～2006-12-21，其中直方圖的最高柱狀落在2006-12-19。結果，實際低點落在2006-12-21的452.34。

　　各位可能發現，我們稍早曾經引用時間循環工具分析這份走勢圖。不論採用哪種工具，時間分析絕對有助於我們判斷趨勢變動的可能位置。回檔低點出現之後，出現一波顯著的漲勢。

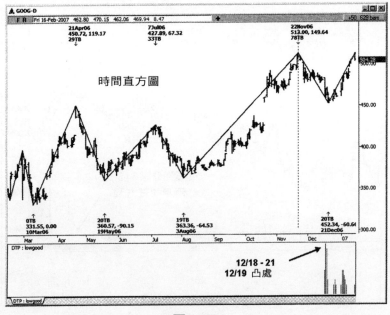

圖 12-3

　　圖12-4顯示S＆P日線圖的時間預測報告。目前這個例子，是由2006-10-26高點進行預測，我們想知道回檔低點的可能位置。如同各位在直方圖上看到的，凸點落在2006-11-05星期天。實際低點落在星期五，與預測位置相差1個交易日。這個低點確定之後，回升走勢目前高達46大點。

　　請記住，時間預測報告是採用行曆日期做預測，所以預測日期可能出現在週末非交易日。

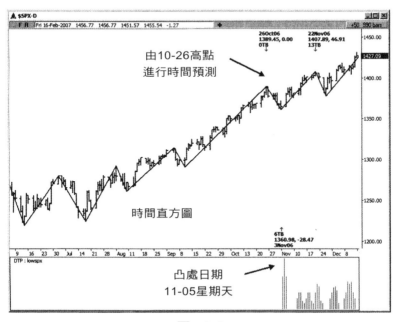

圖 12-4

　　圖12-5是S&P現貨日線圖的另一個時間預測例子,這個預測是由2006-11-28低點開始。

　　某個直方圖時間聚集落在2006-12-15～2006-12-18,我們預測漲勢高點將落在這個區間。2006-12-18出現短期高點,隨後發生一波可供交易的修正跌勢。

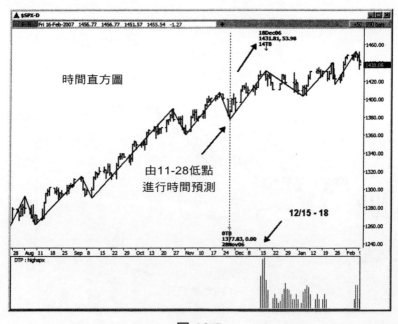

圖 12-5

　　圖12-6是英特爾股價日線圖，時間預測是由2006-10-16高點開始，我們想知道回檔走勢的低點可能位置。

　　直方圖顯示2006-11-03（星期五）是低點可能發生的日期。結果，實際低點落在11-06星期一，與預測日期相差1個交易日。隨後出現幅度$ 2.18的漲勢。

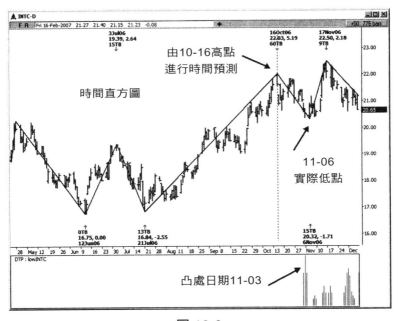

圖 12-6

接著，讓我們看看羅素迷你契約15分鐘走勢圖（圖12-7）。時間預測起點為822.70低點，我們想知道後續高點的可能位置。目前這個例子的直方圖顯示兩個時間聚集，實際高點與第一個聚集很接近，隨後出現$ 8.30的跌勢。

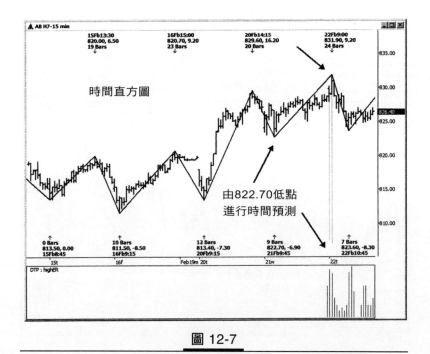

圖 12-7